"Para todos os sonhadores, os buscadores de magia e os amantes da beleza em cada traço, cor e linha. Que este livro de colorir seja um portal para um mundo de imaginação sem limites, onde suas criações ganhem vida e sua criatividade floresça. Que cada página seja um convite para explorar, relaxar e encontrar alegria nas cores da vida. Com amor e inspiração, Dani Carazzato"

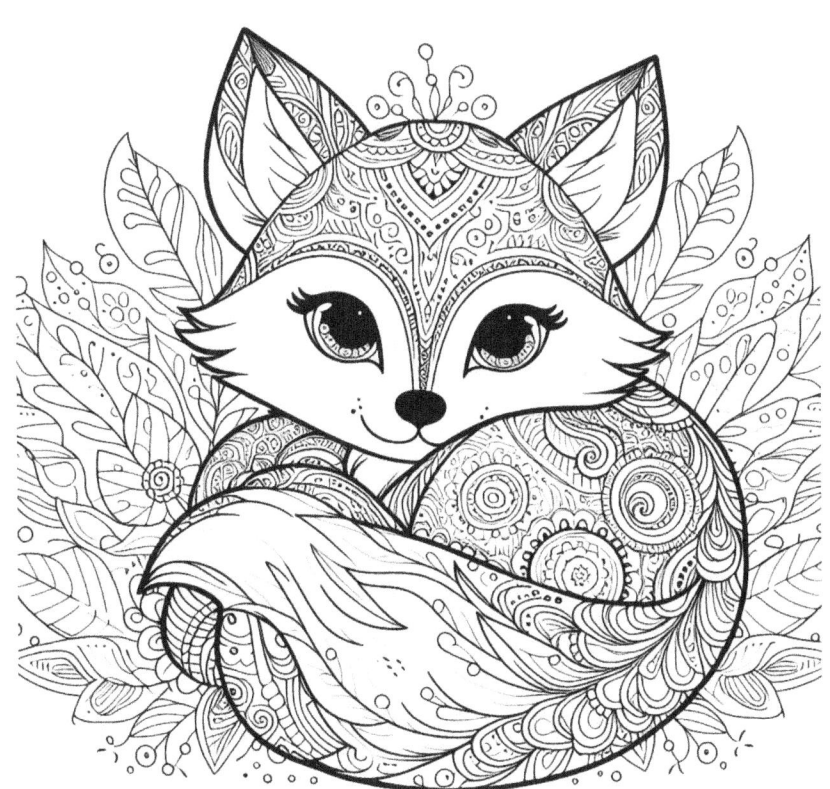

Todos os direitos reservados
2024

Nenhuma parte desta publicação pode ser reproduzida, distribuída ou transmitida de qualquer forma ou por qualquer meio, incluindo fotocopia, gravaçao ou outros métodos eletrônicos ou mecânicos, sem a permissão prévia por escrito do editor, exceto breves citações incorporadas em resenhas criticas e outros usos não comerciais específicos. Qualquer réplica não autorizada desta obra é proibida.

Daniele Carazzato

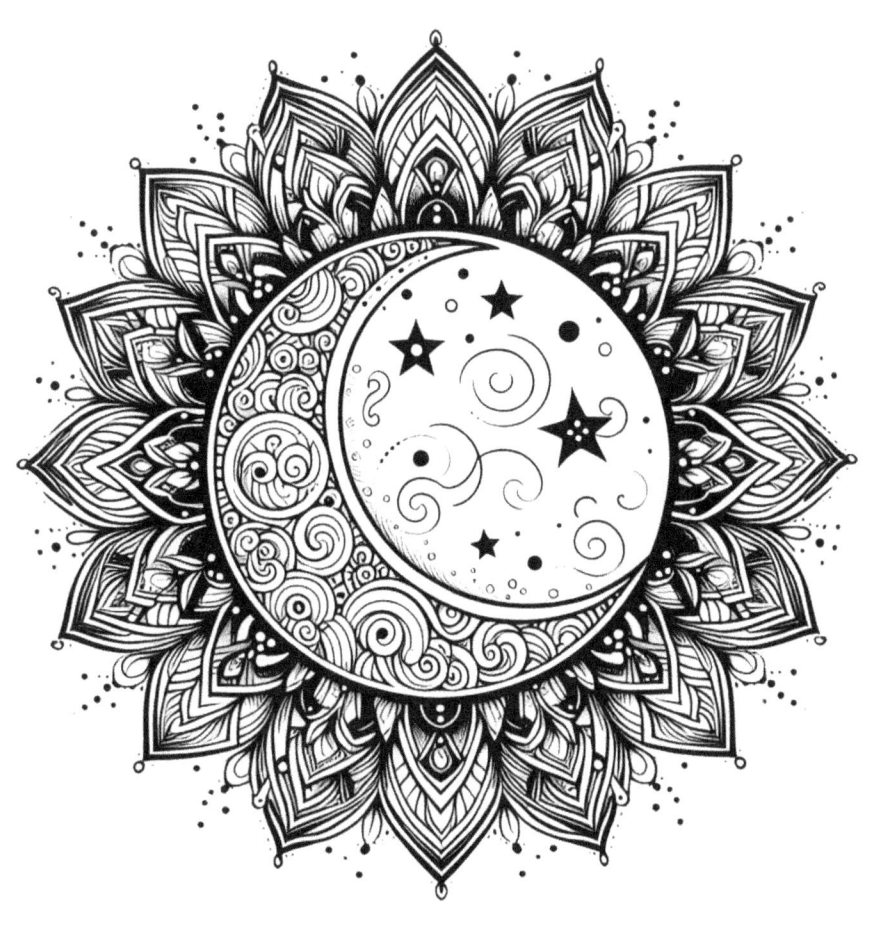

ESSE LIVRO PERTENCE A:

_____

Teste de cores

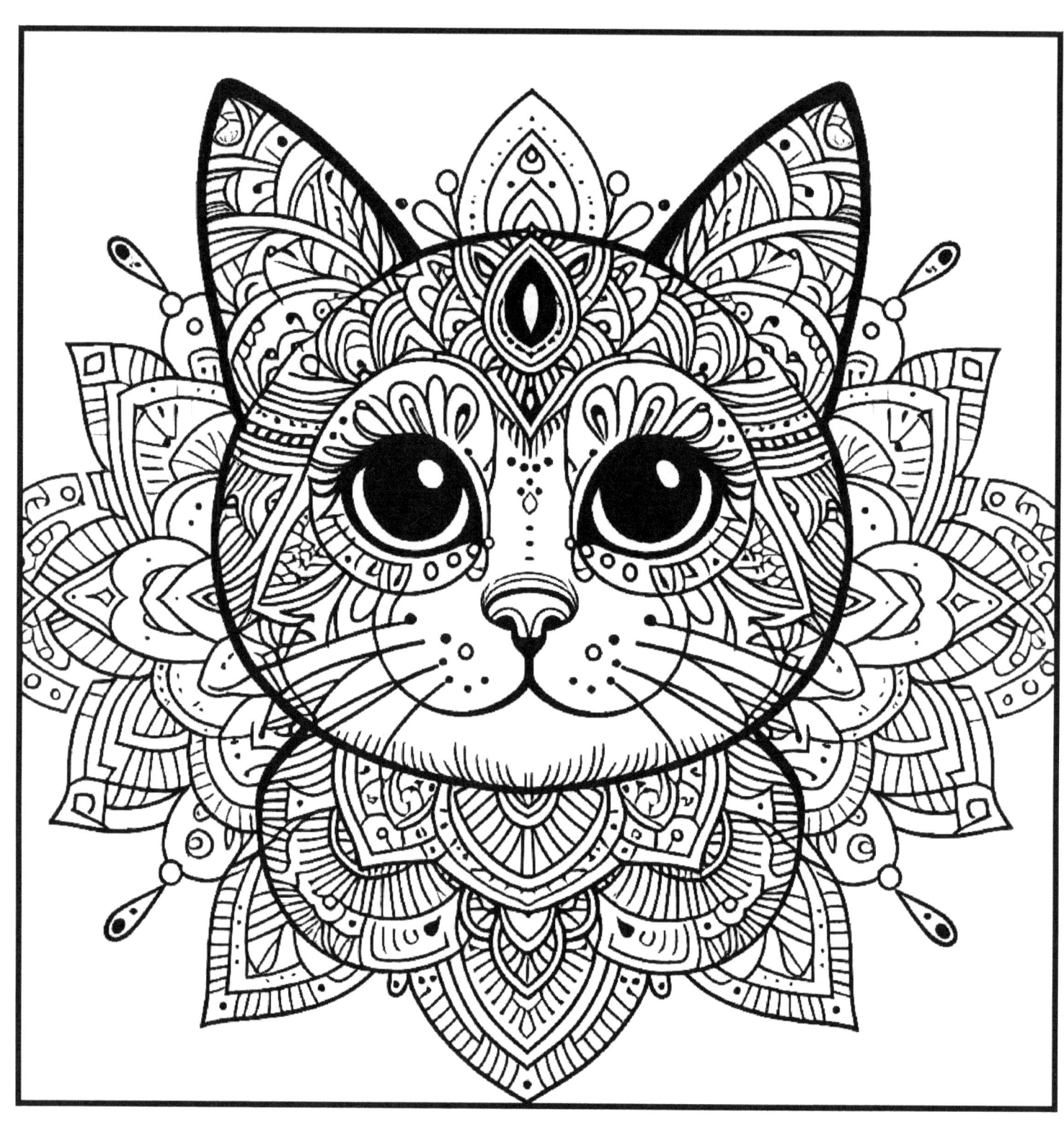

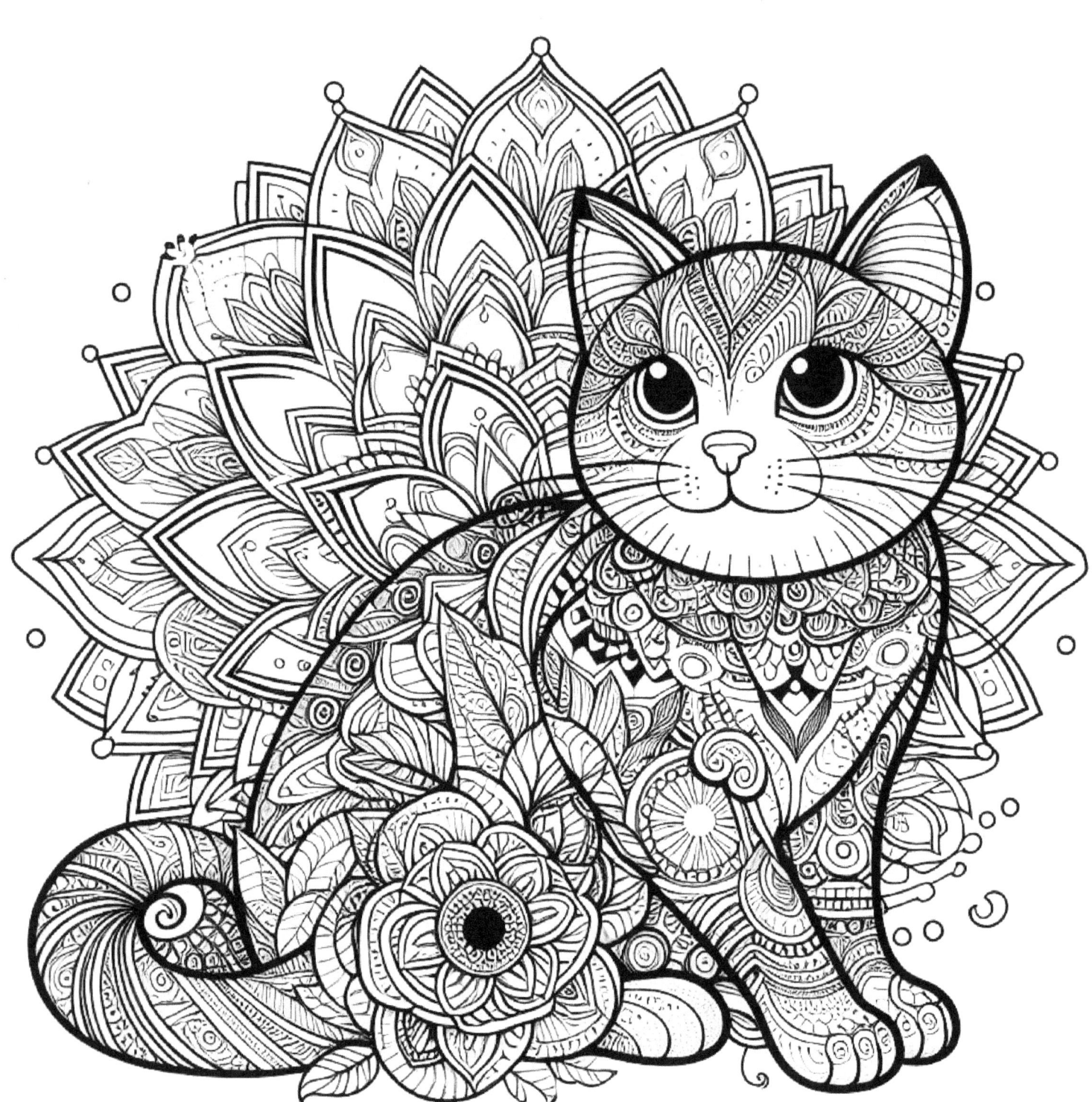

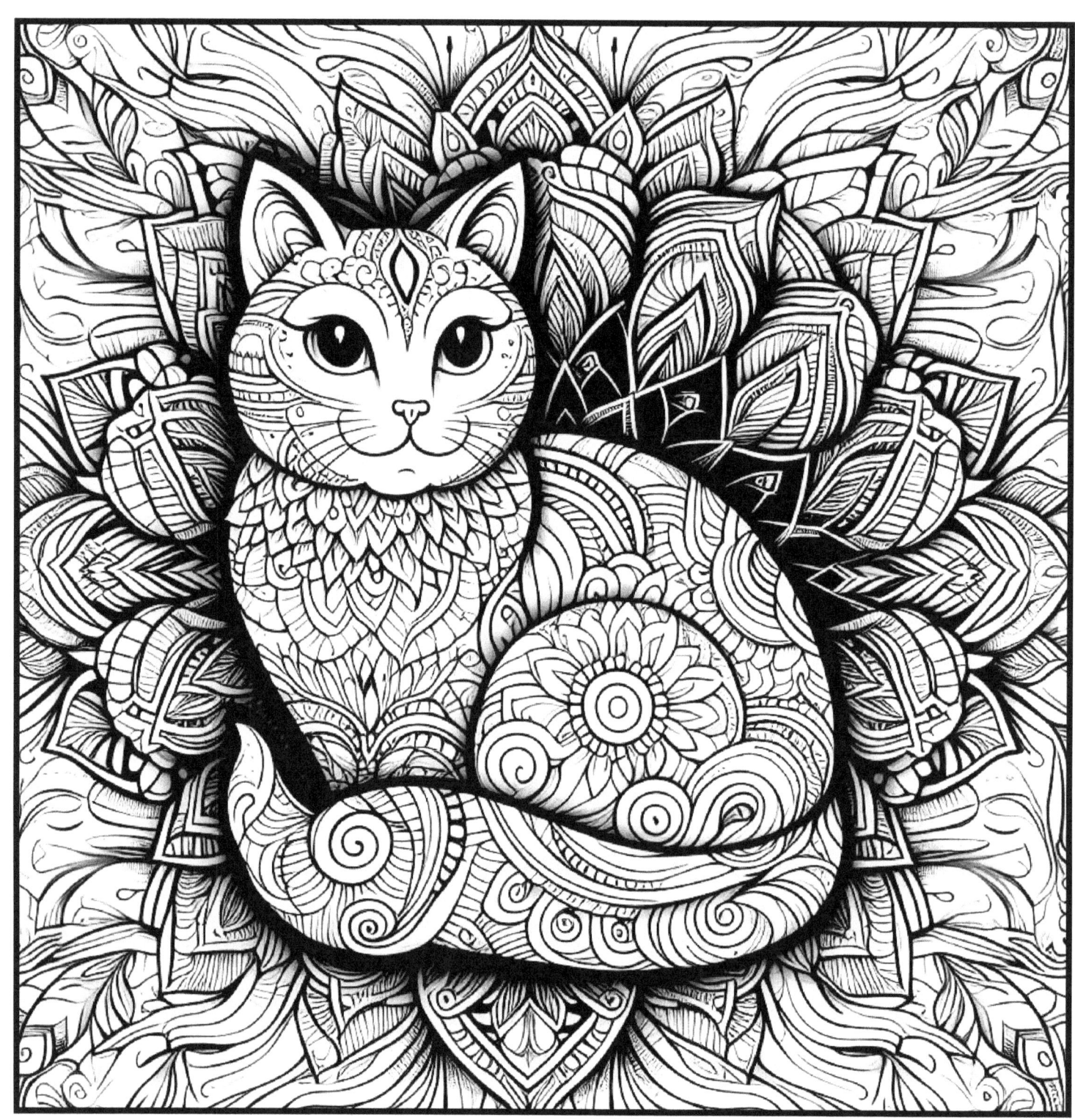

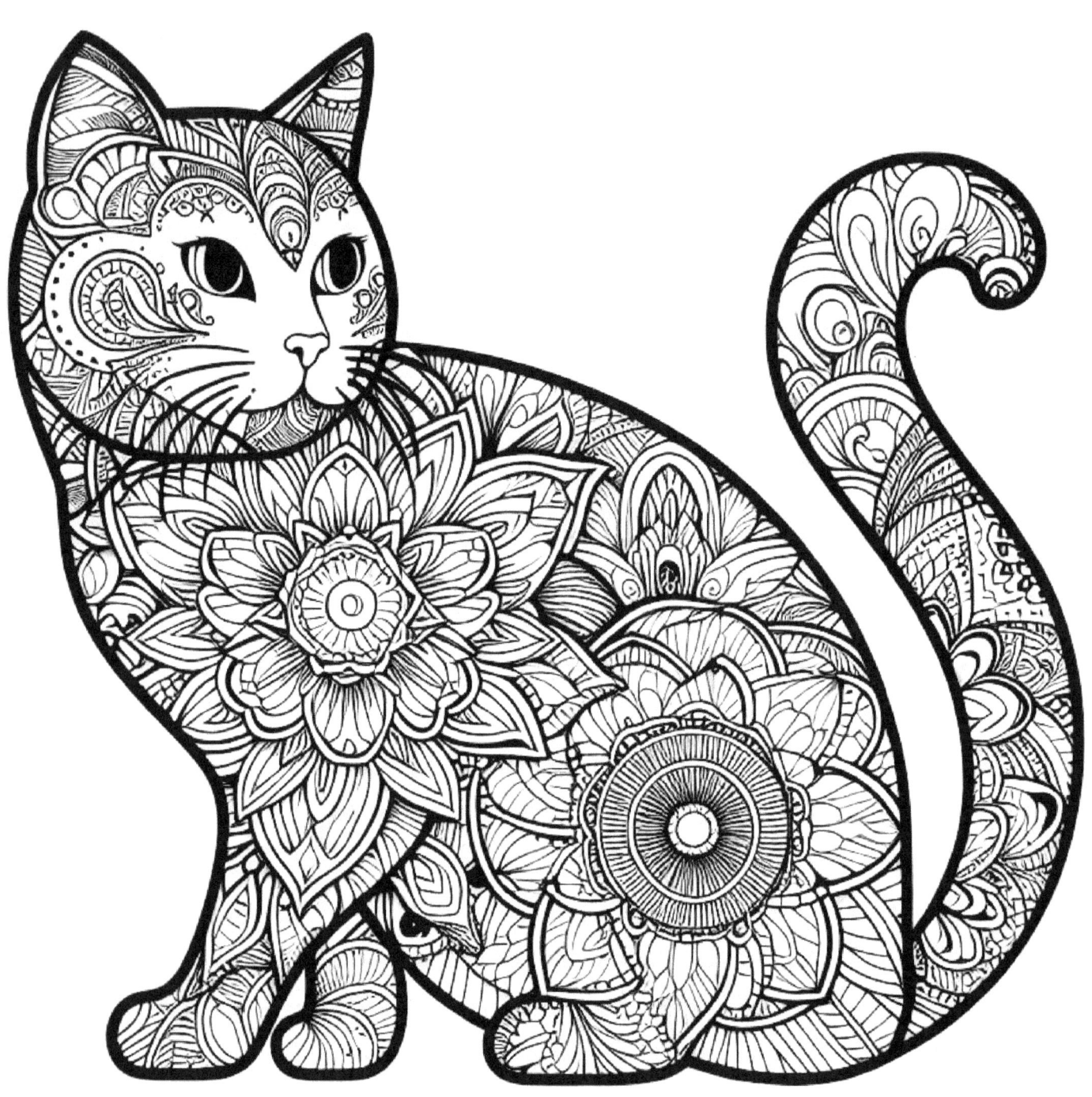

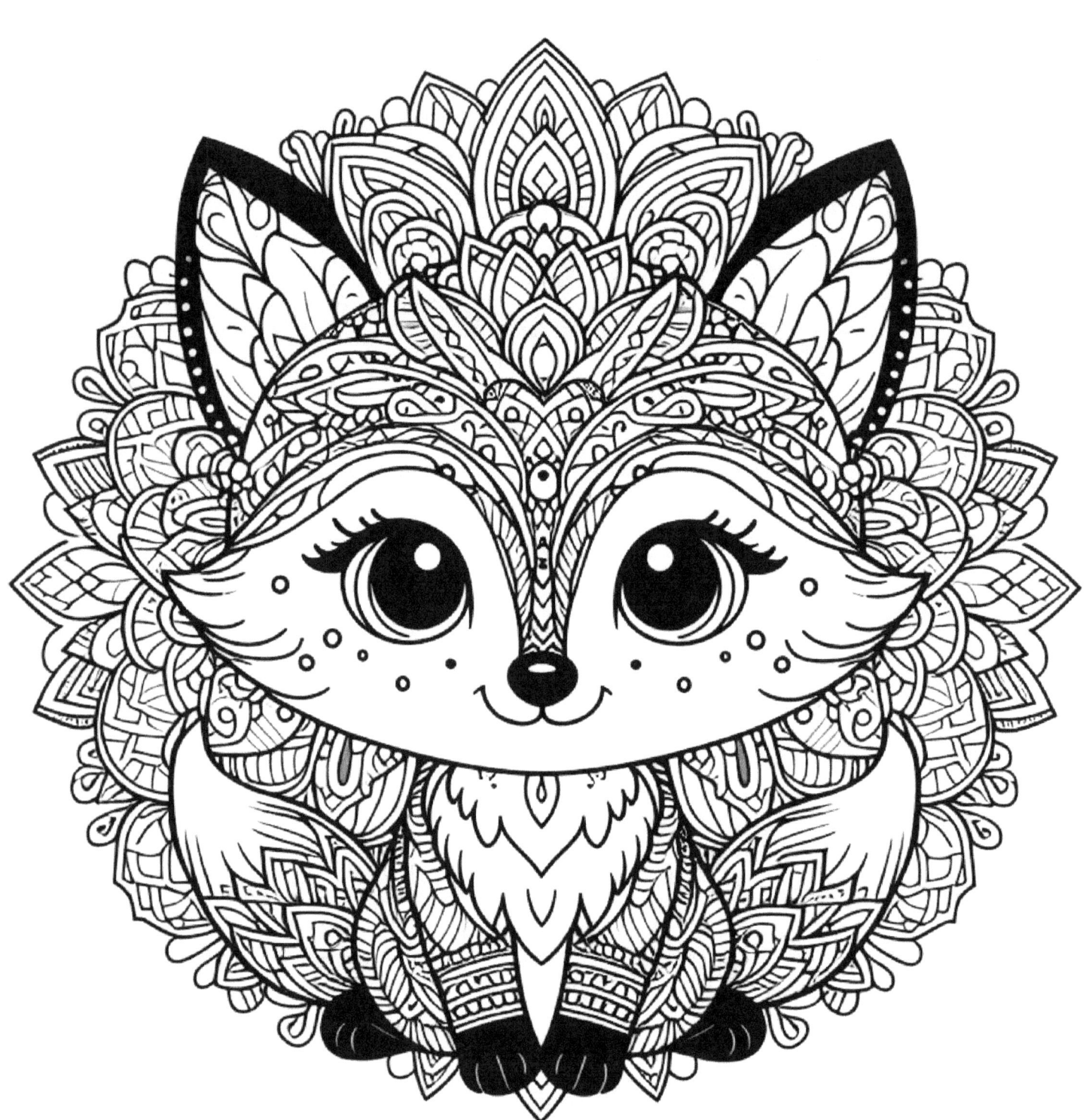

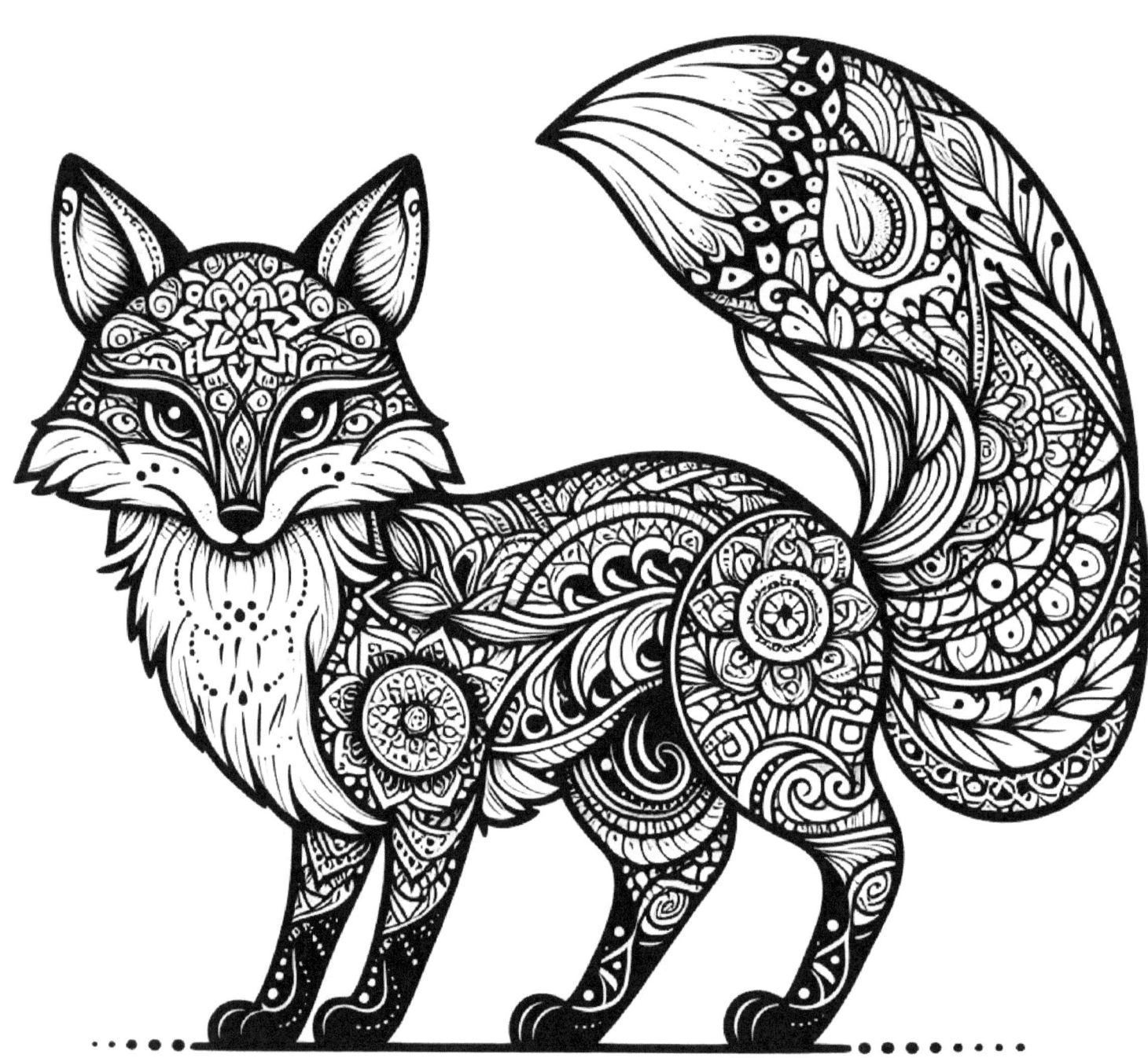

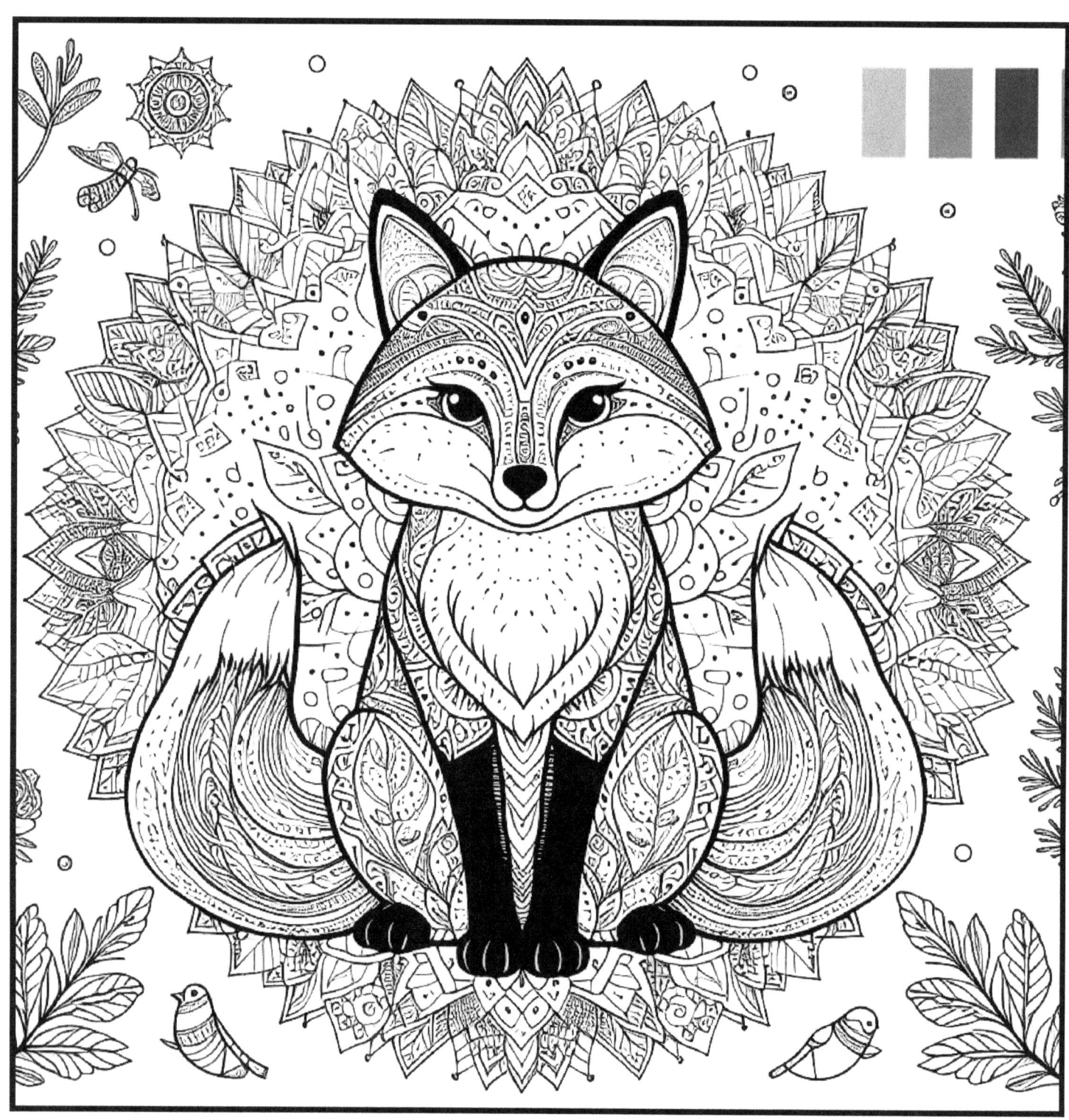

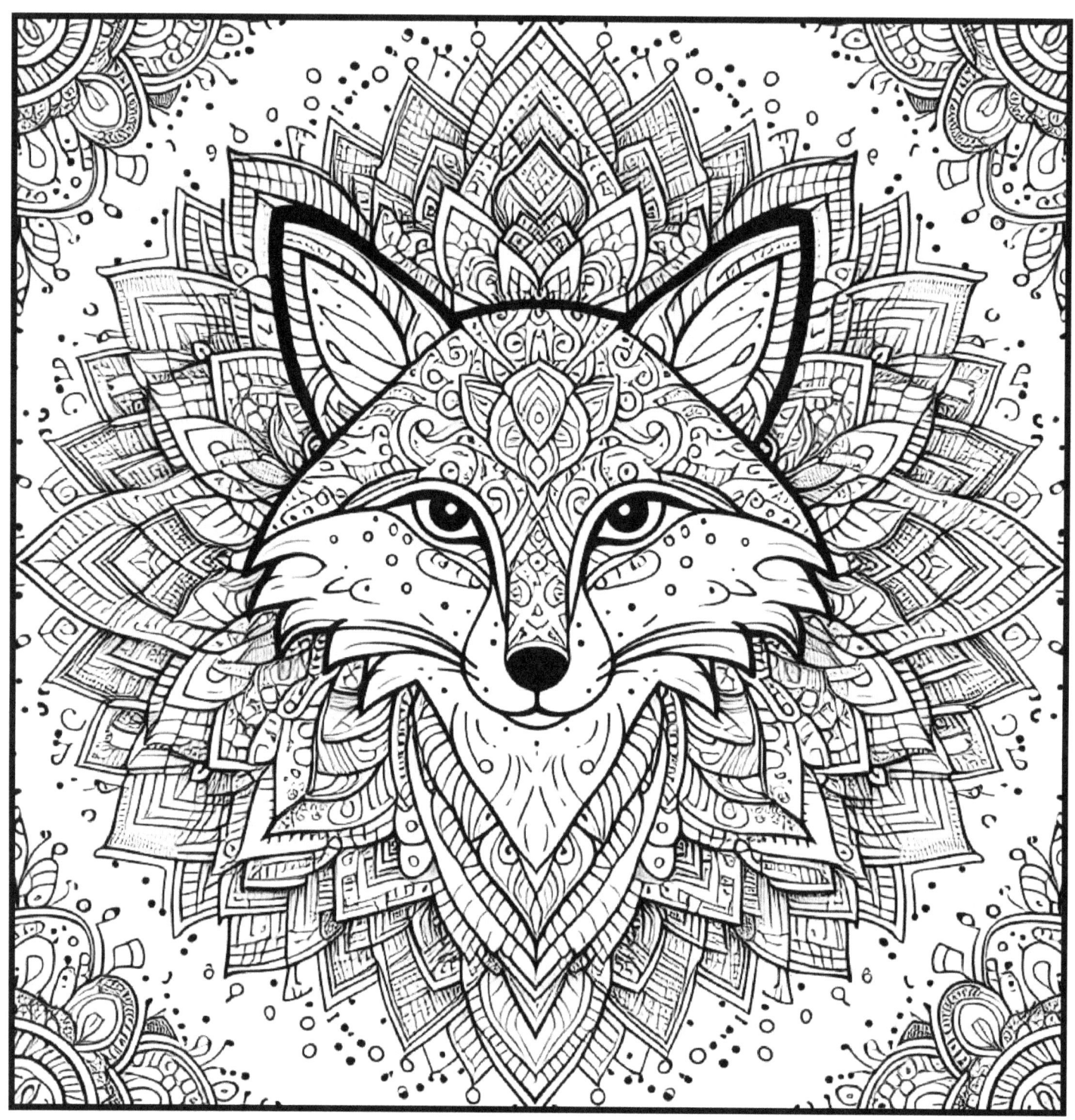

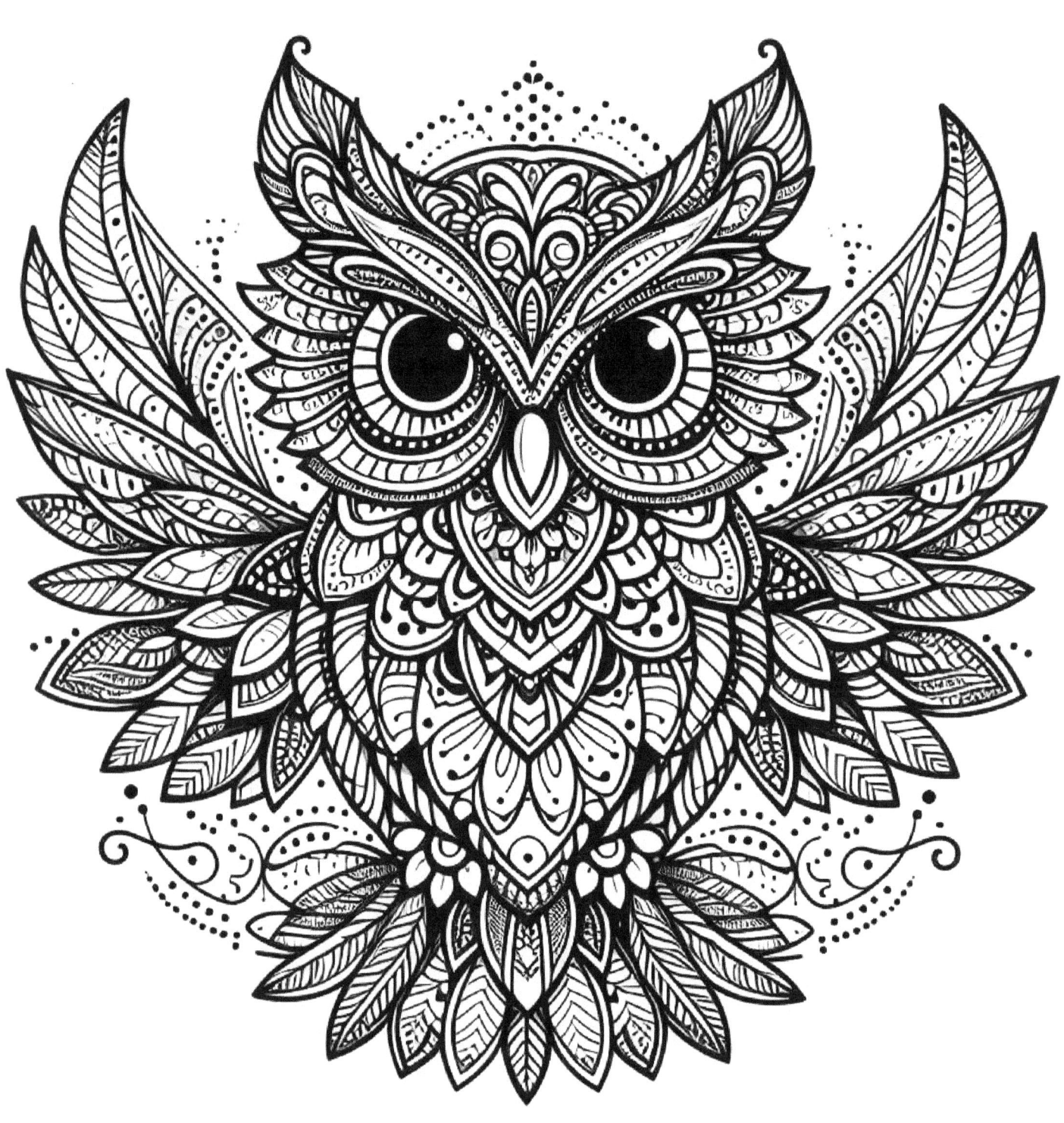

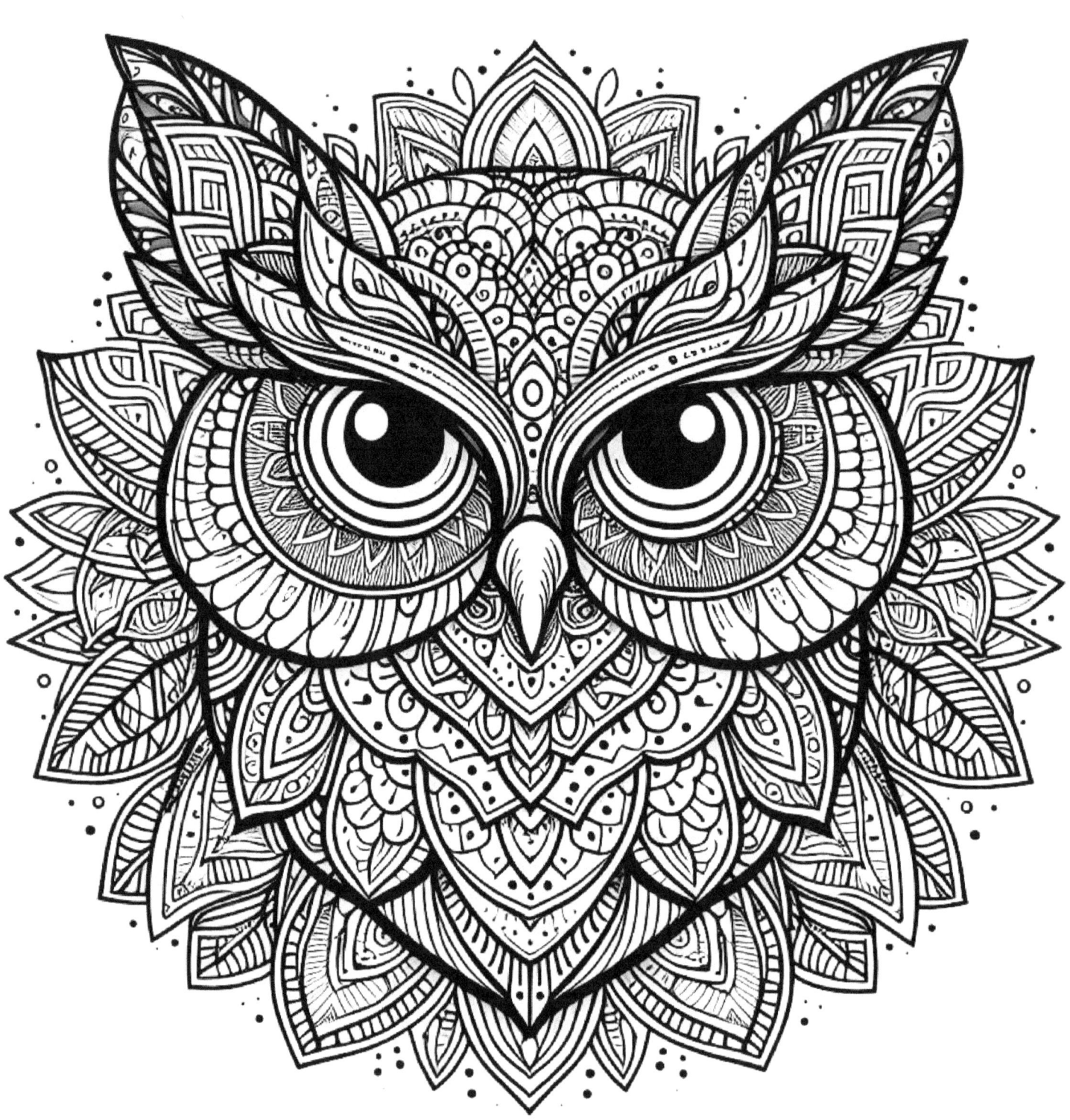

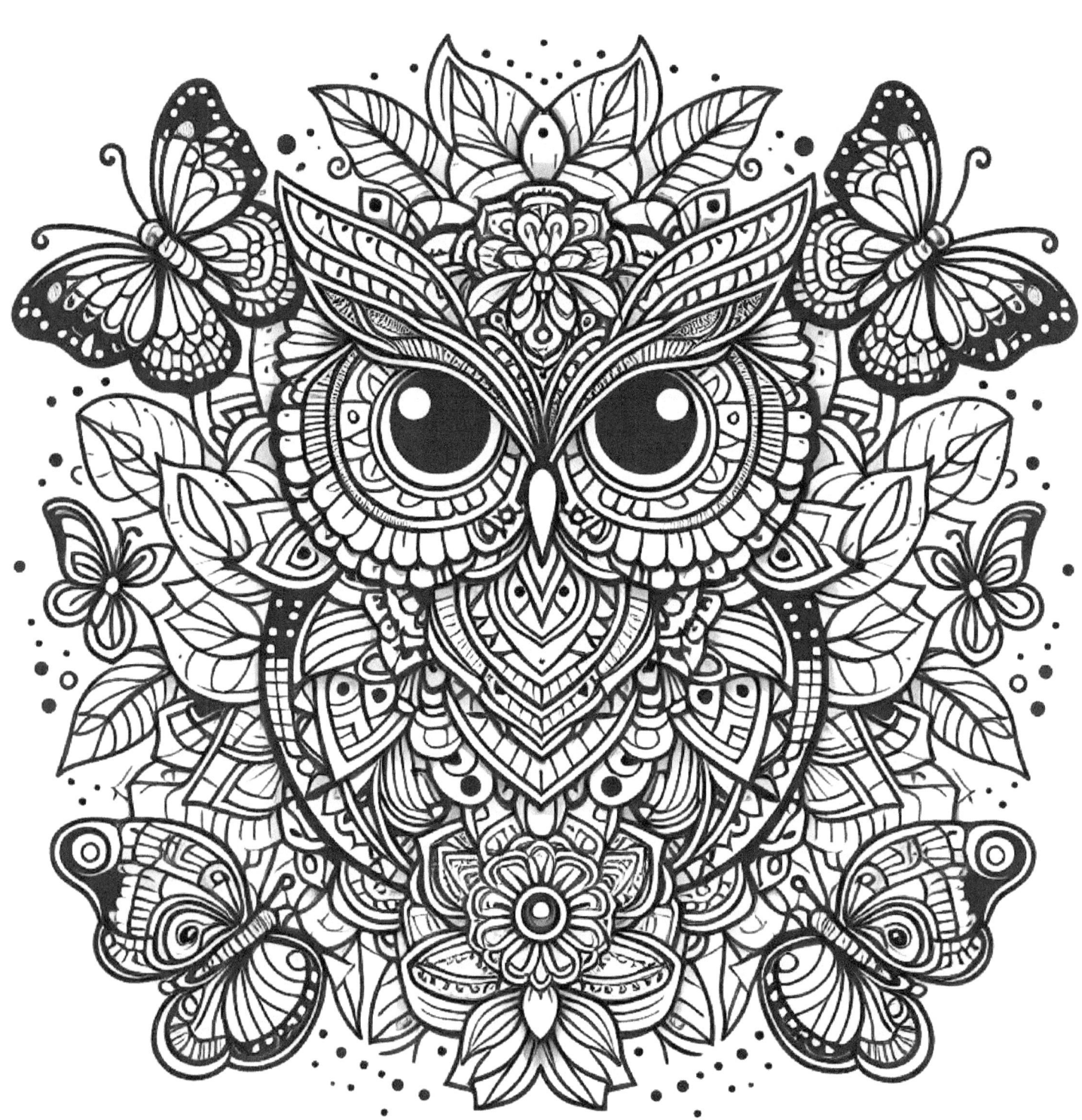

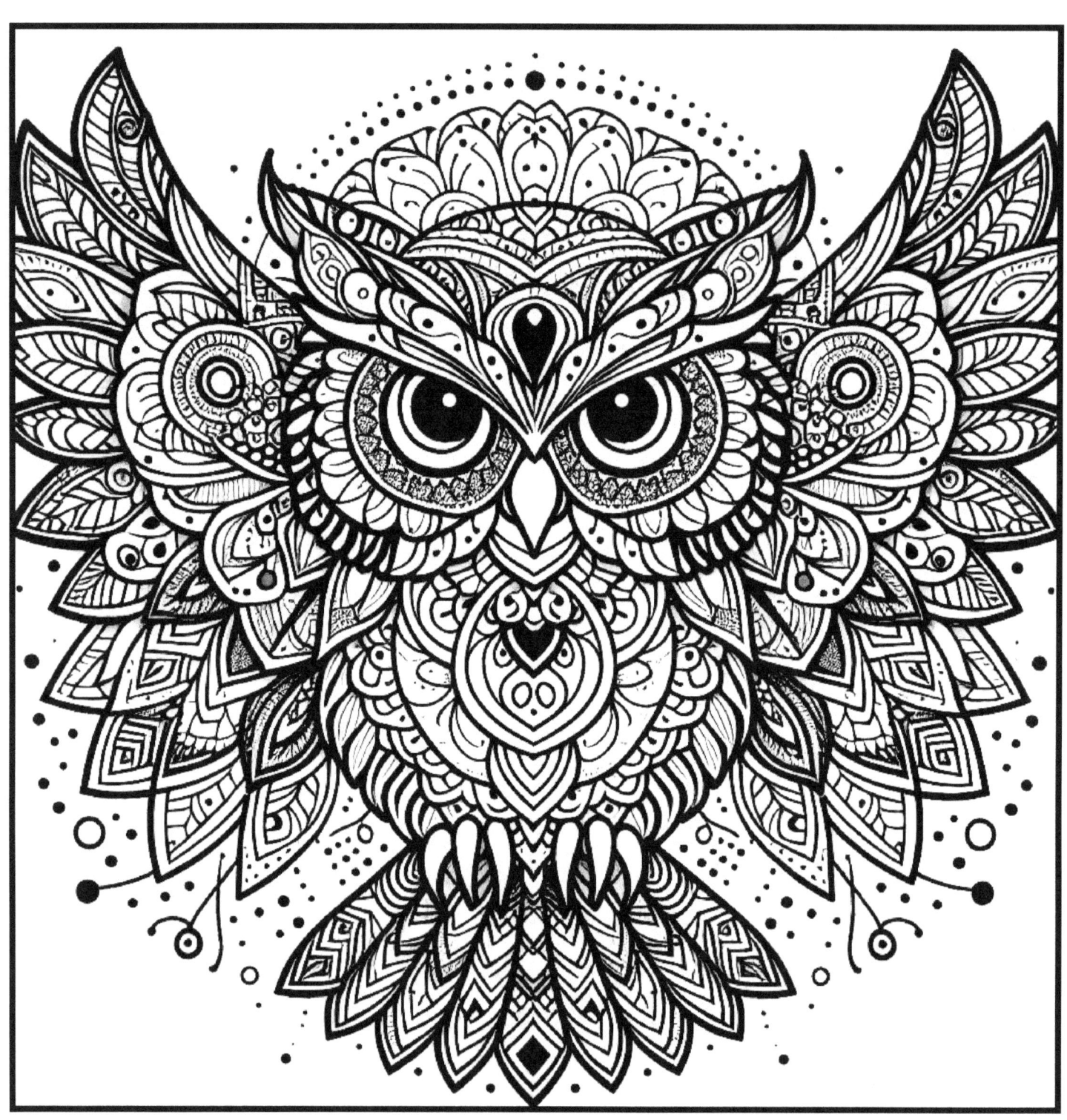

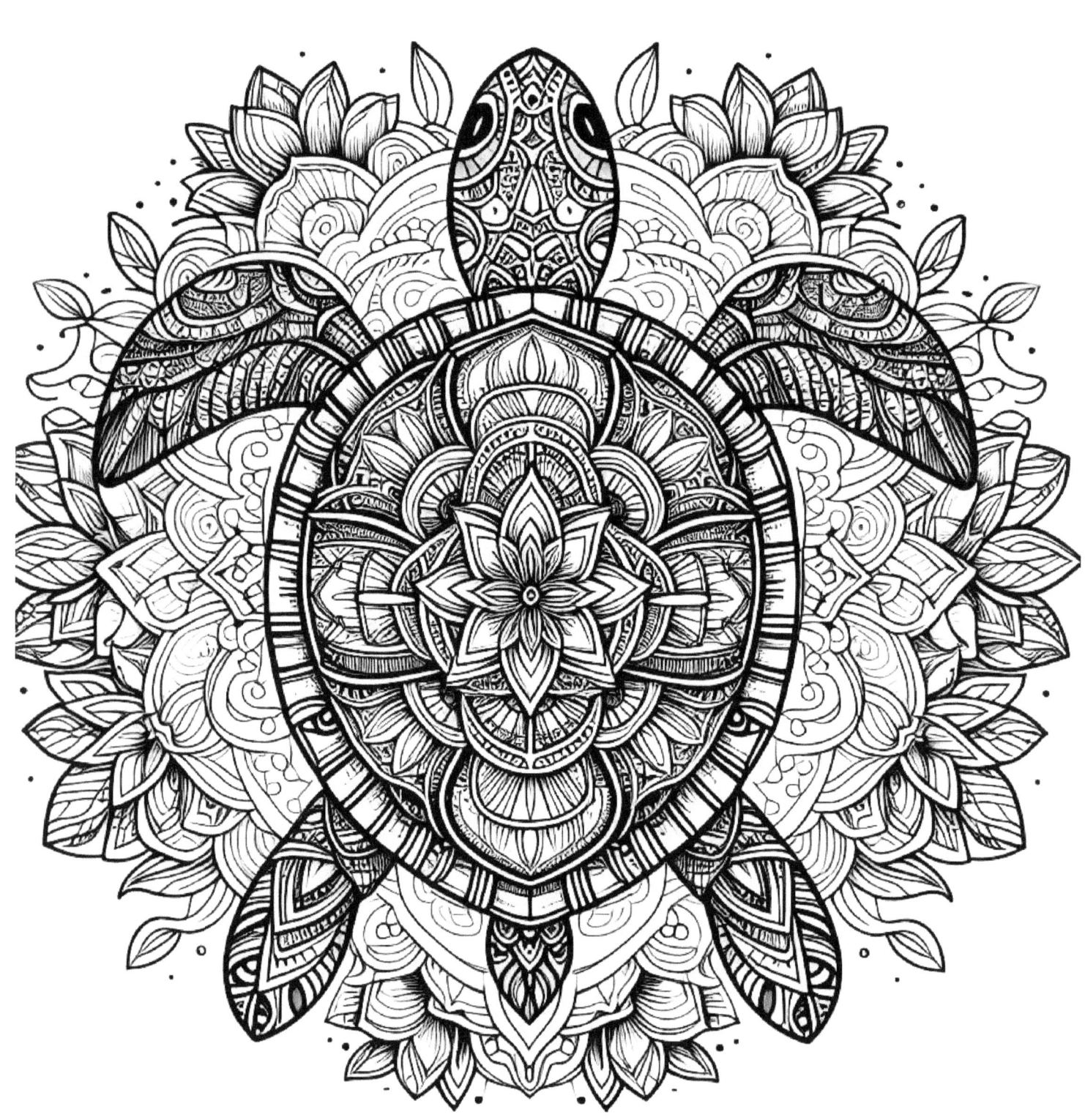

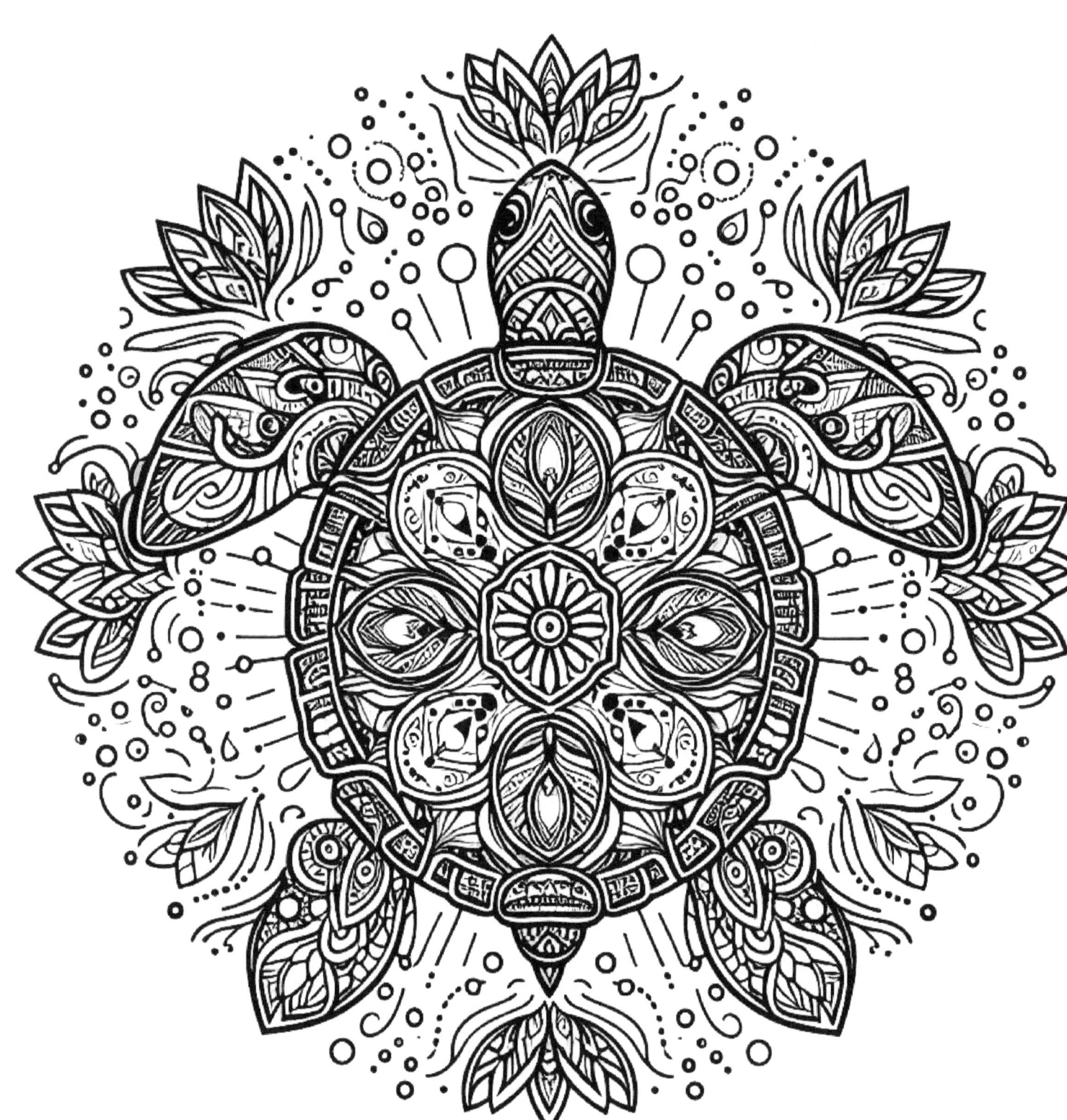

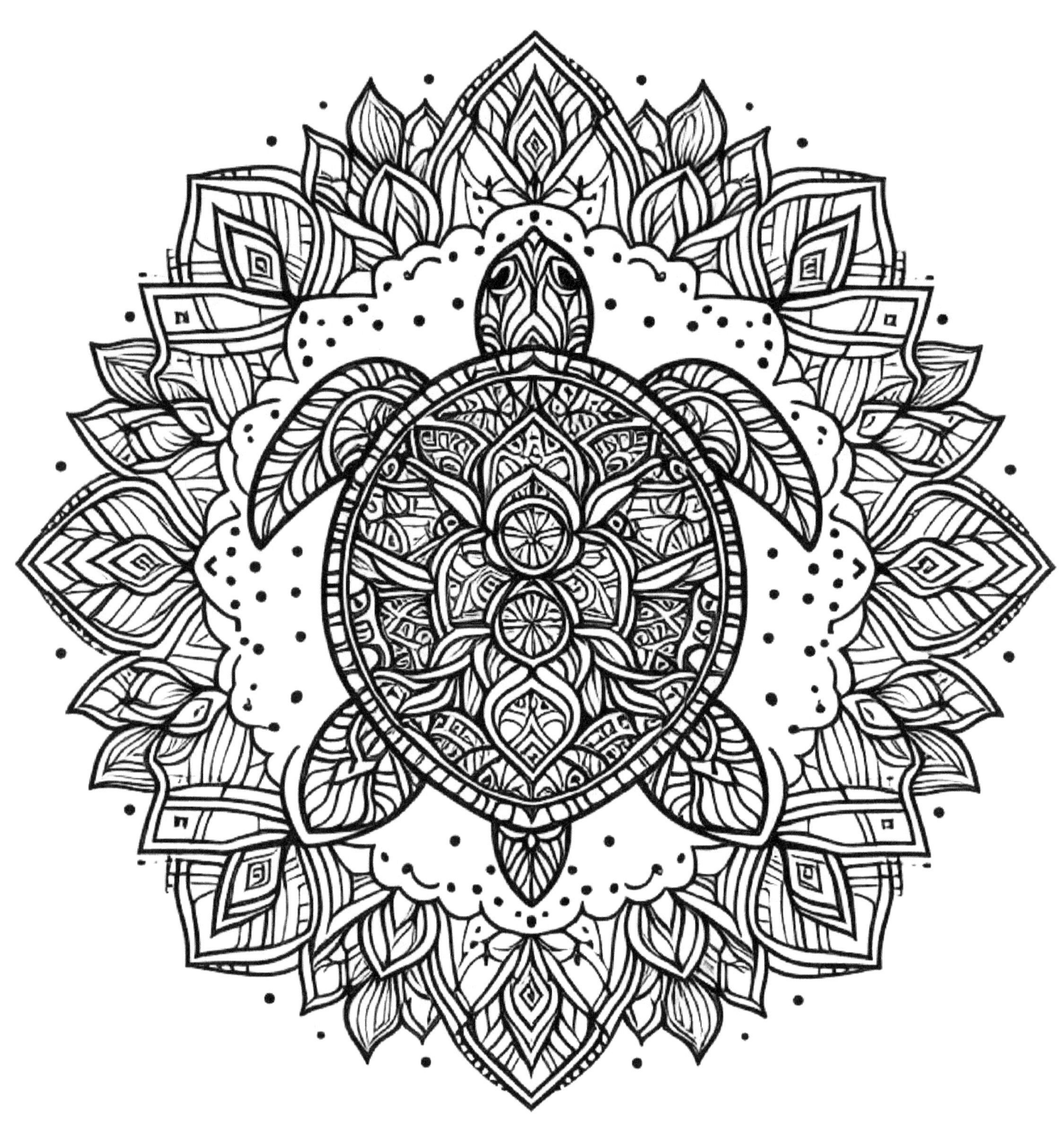

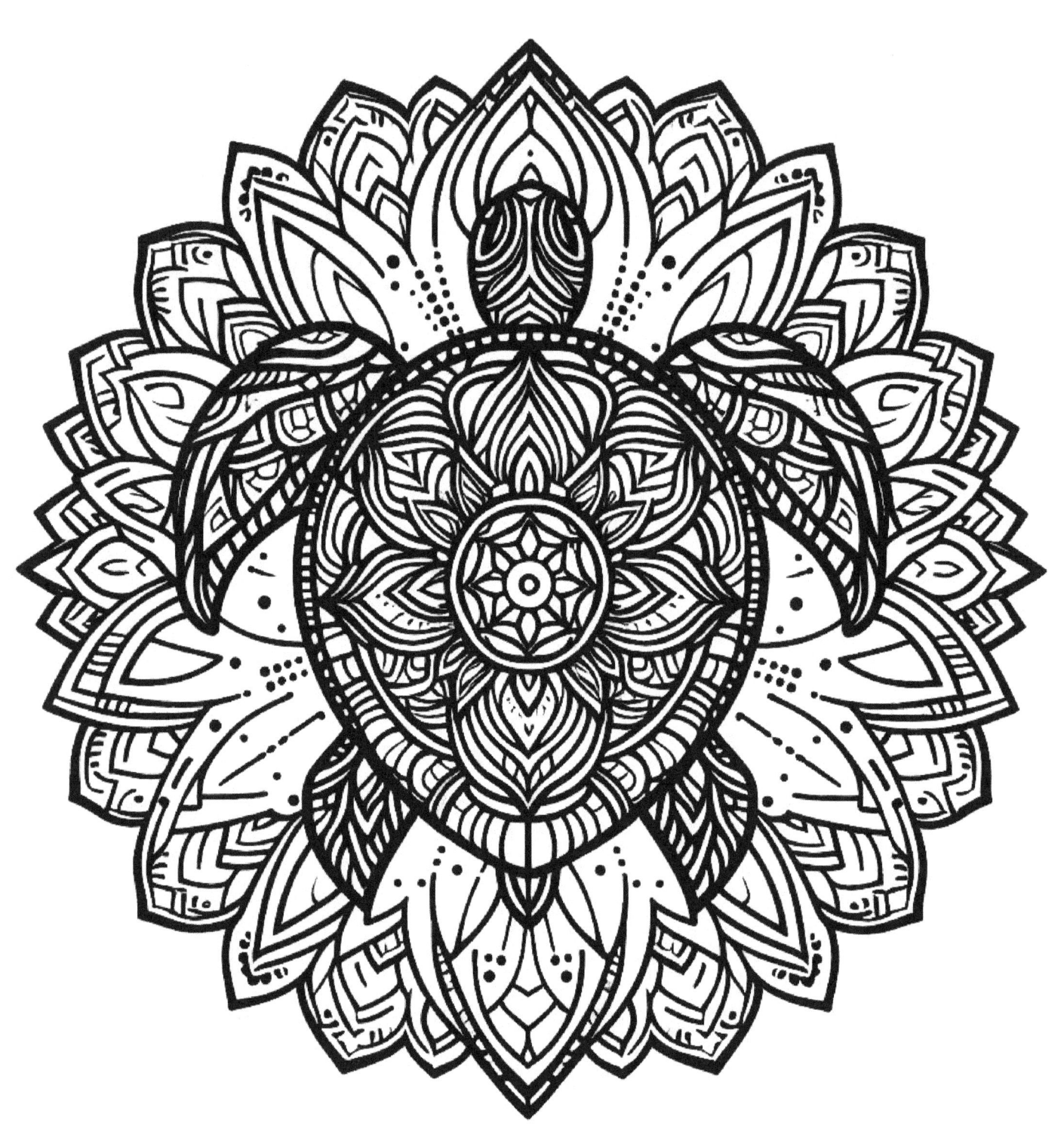

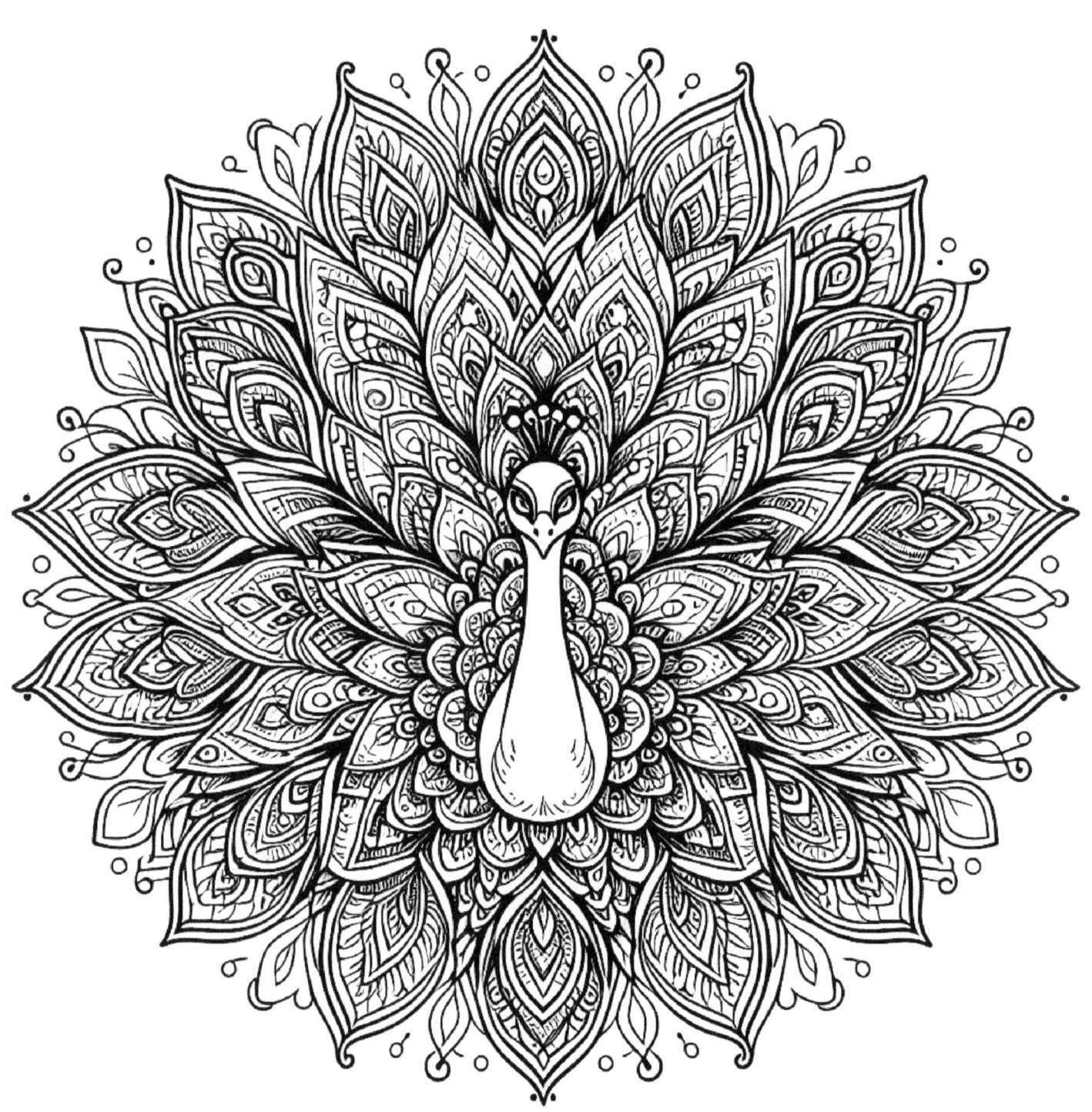

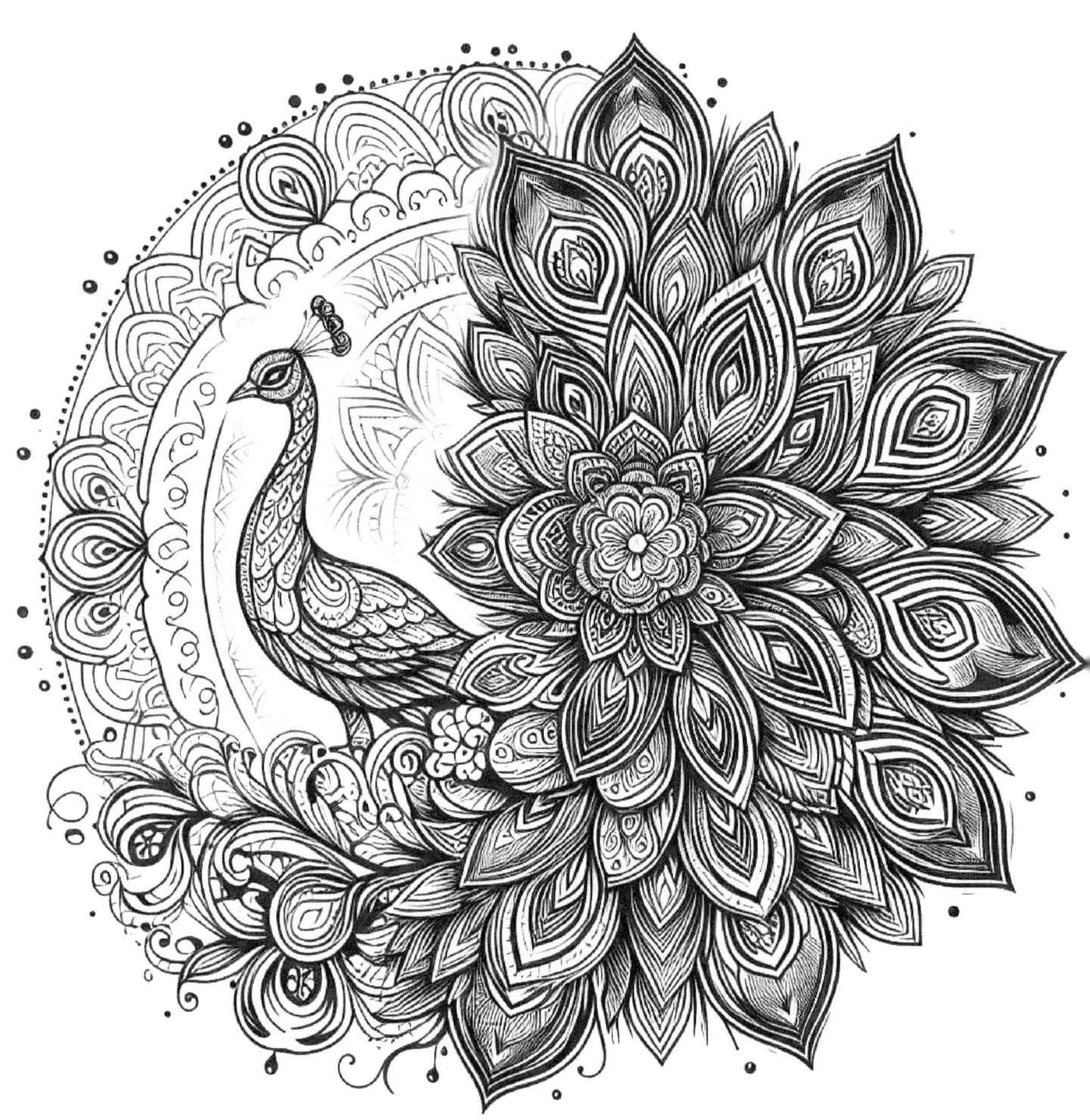

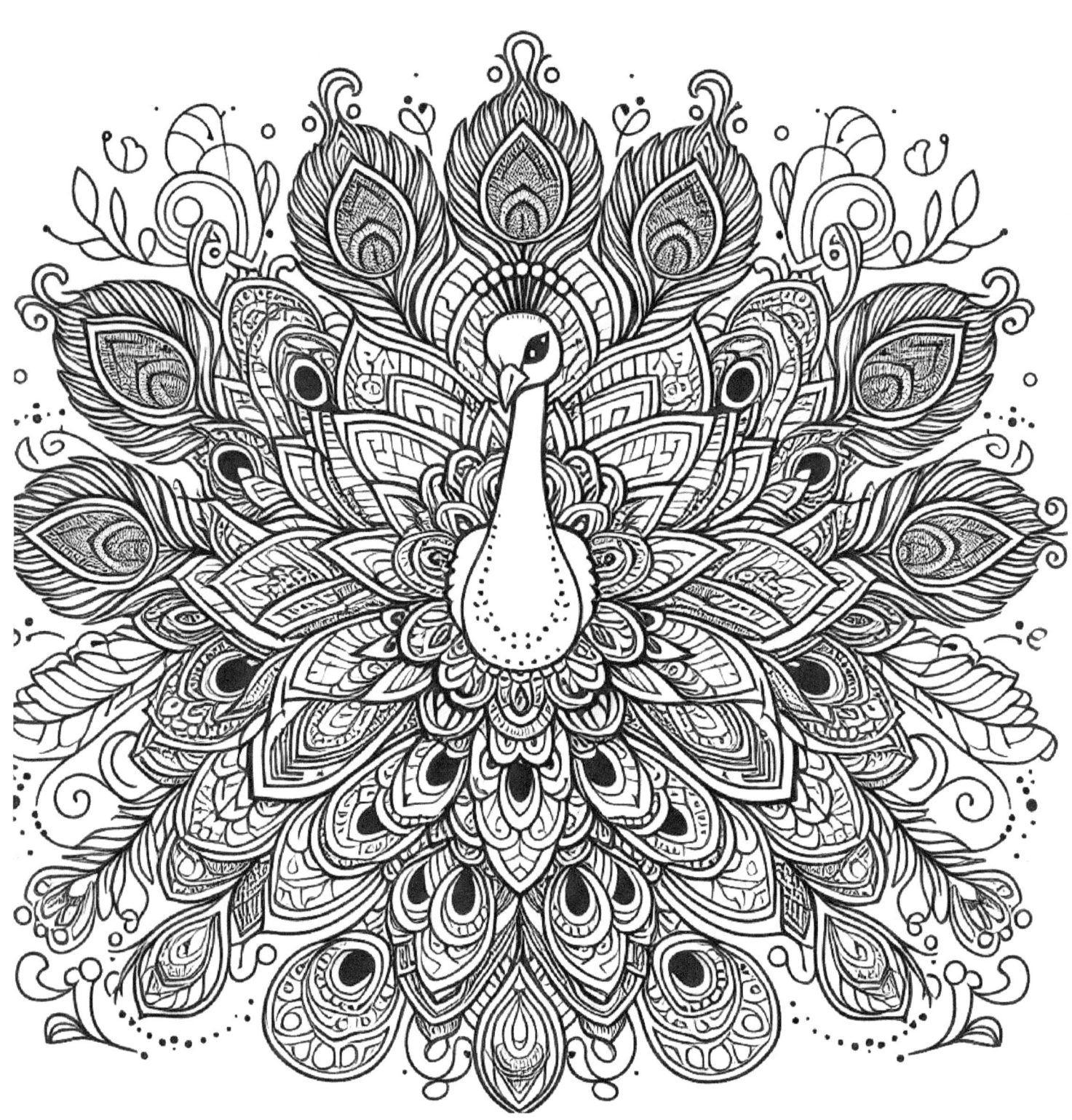

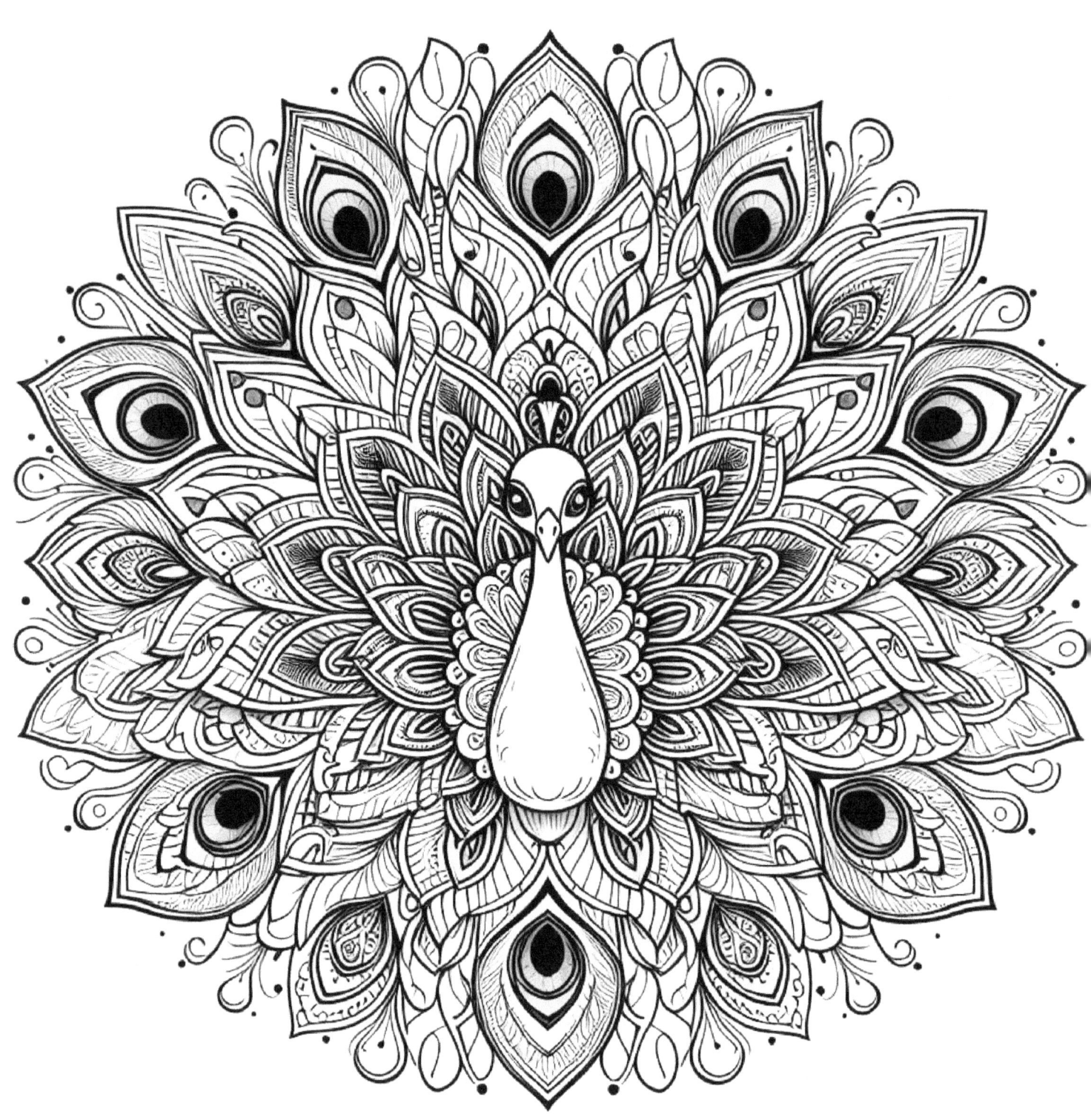

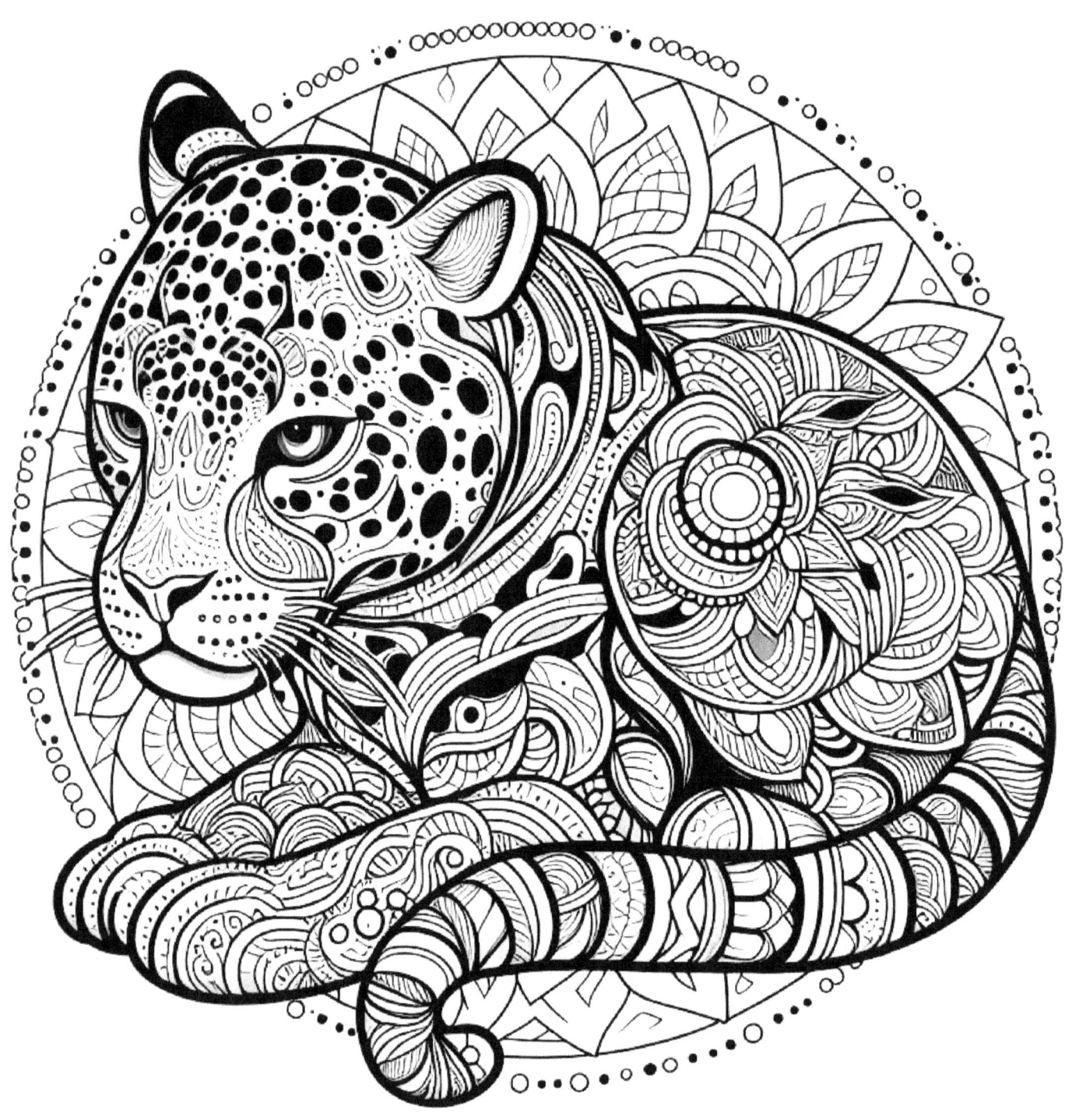

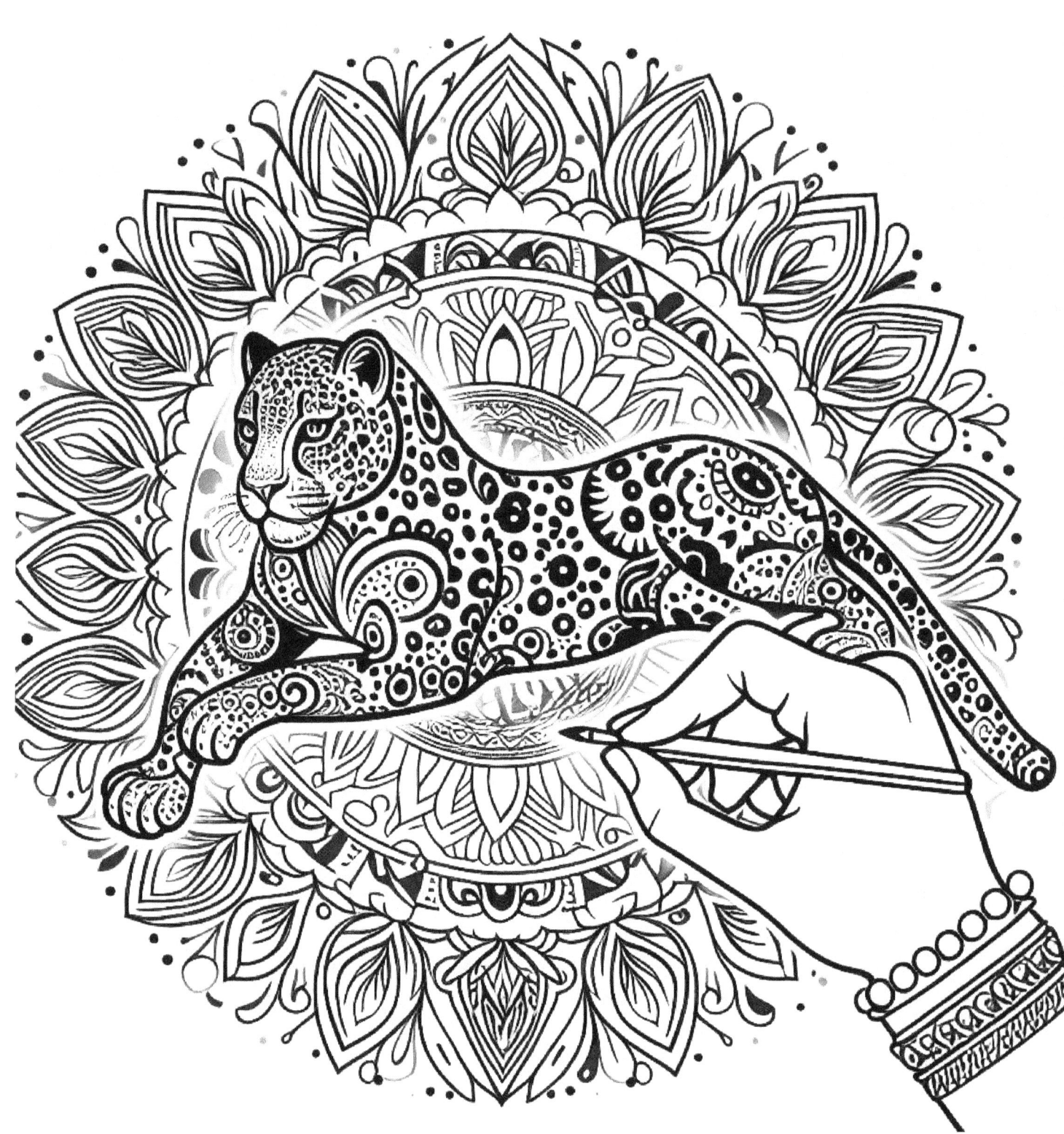

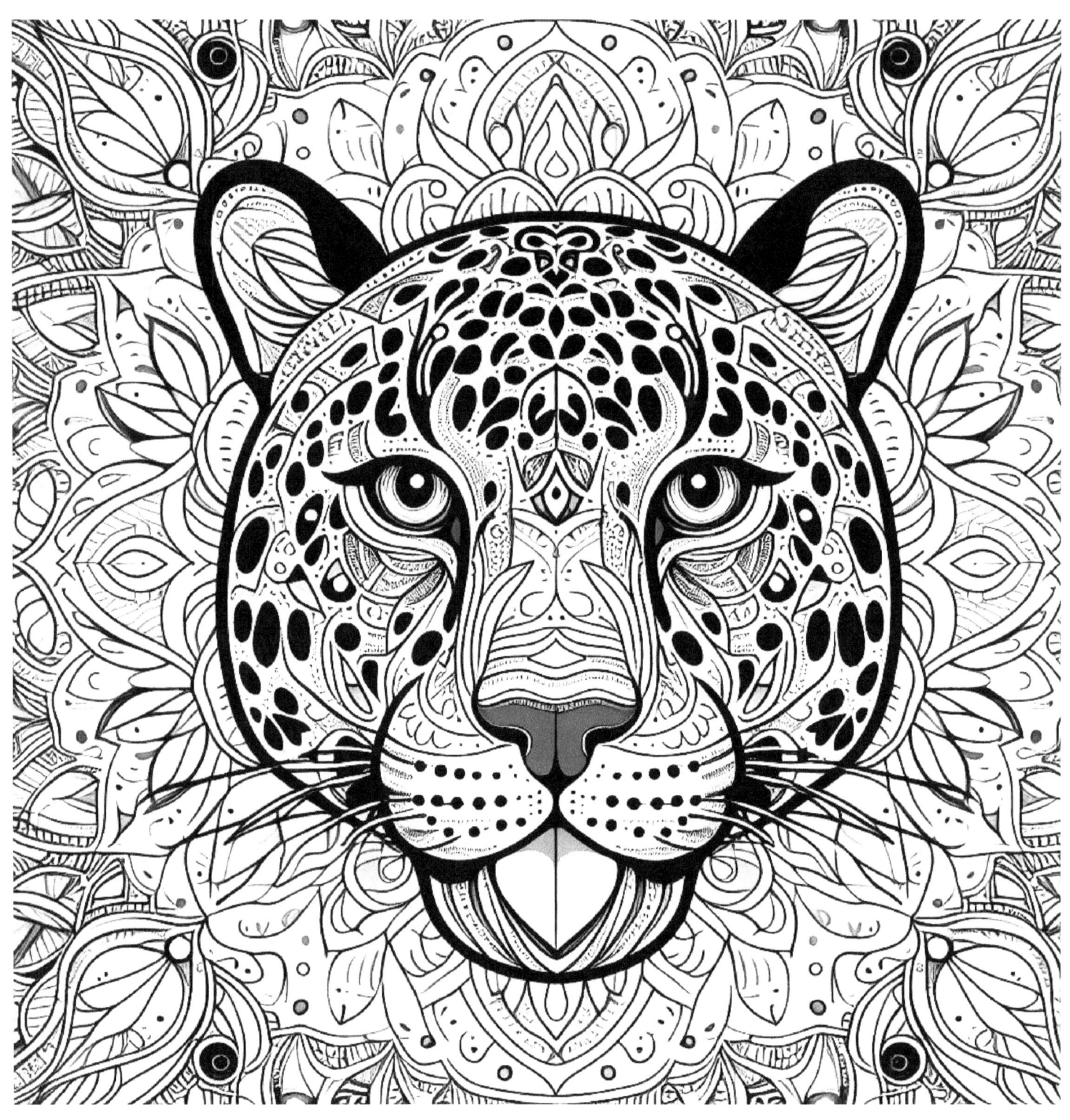

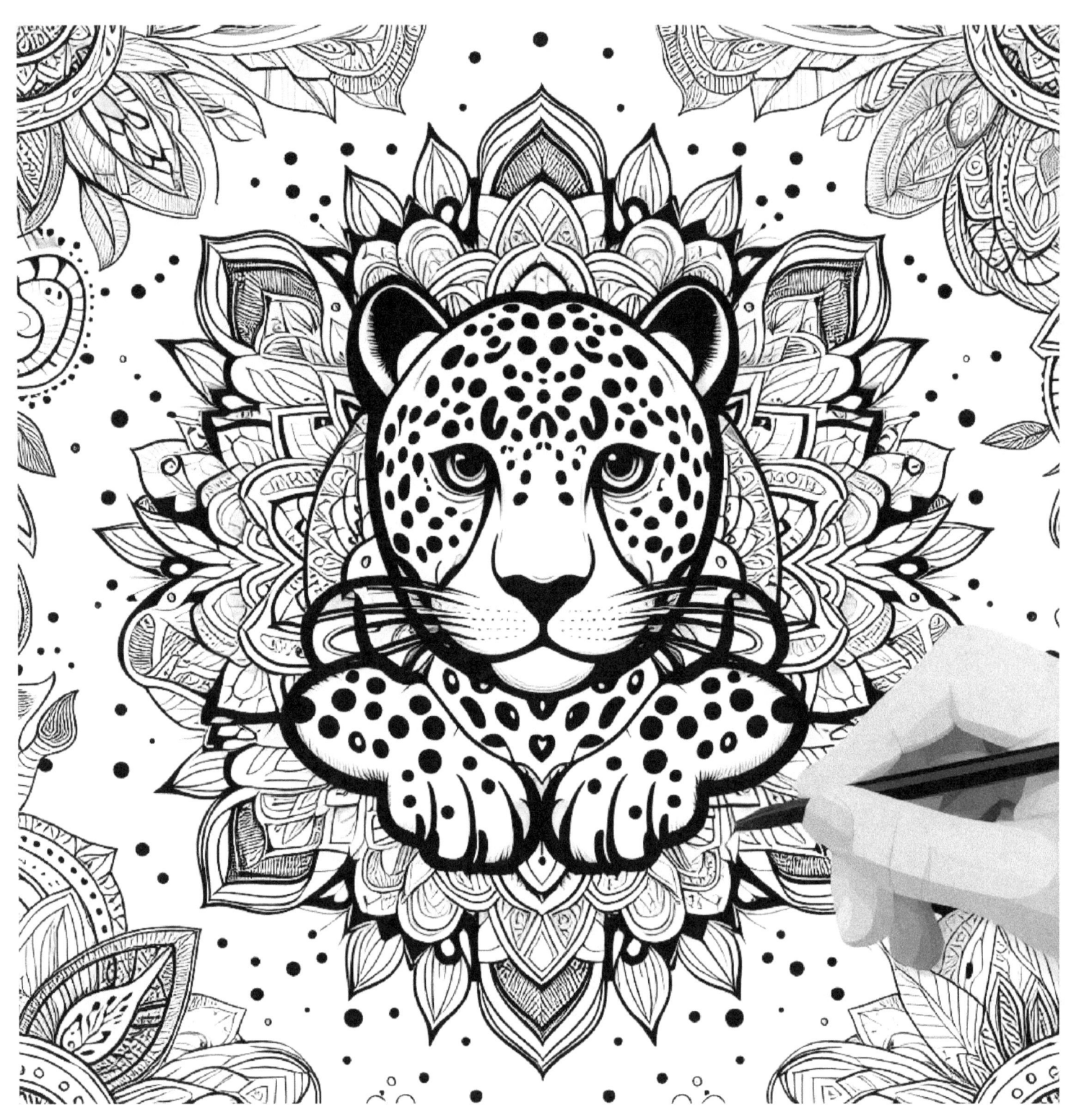

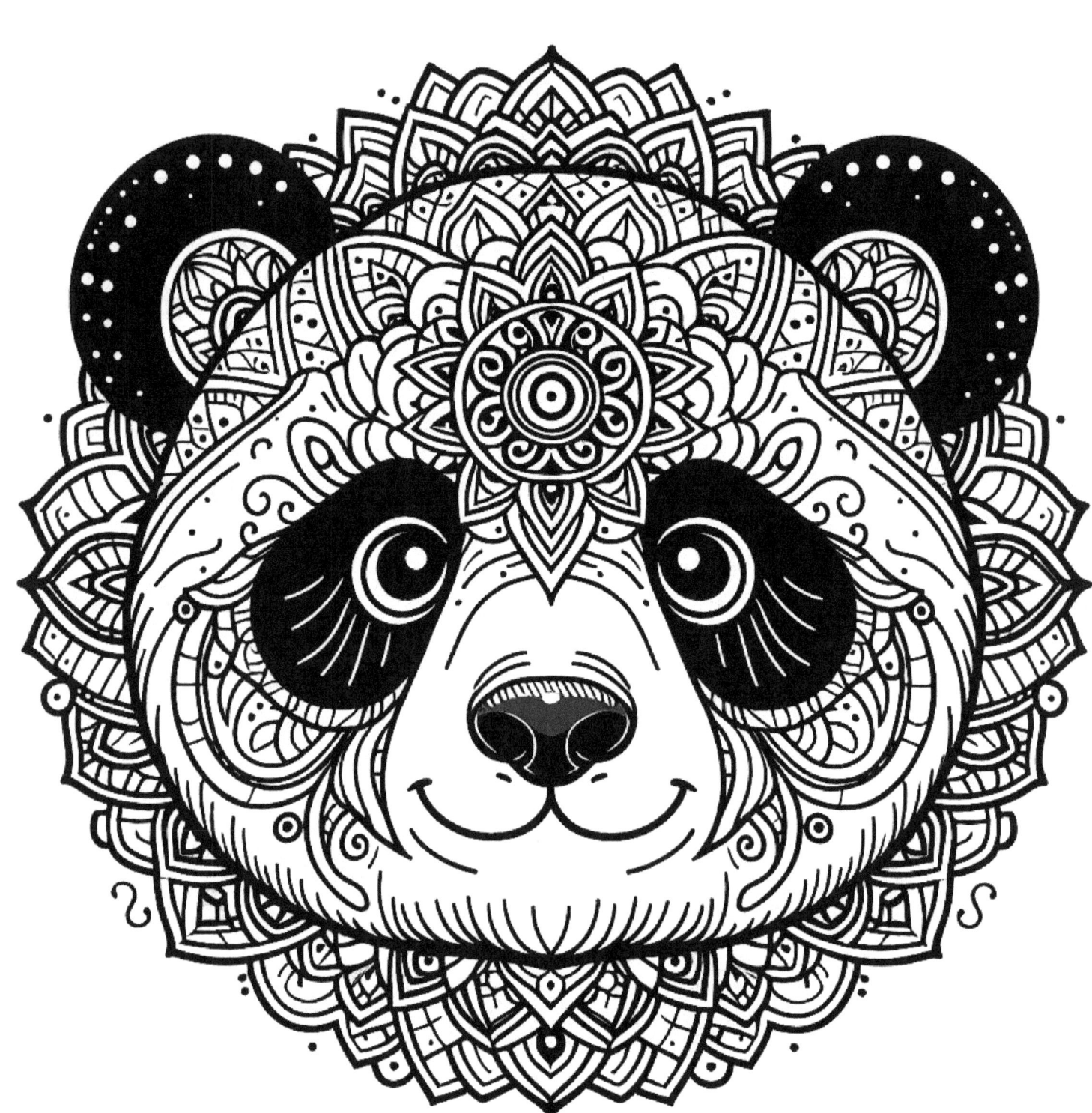

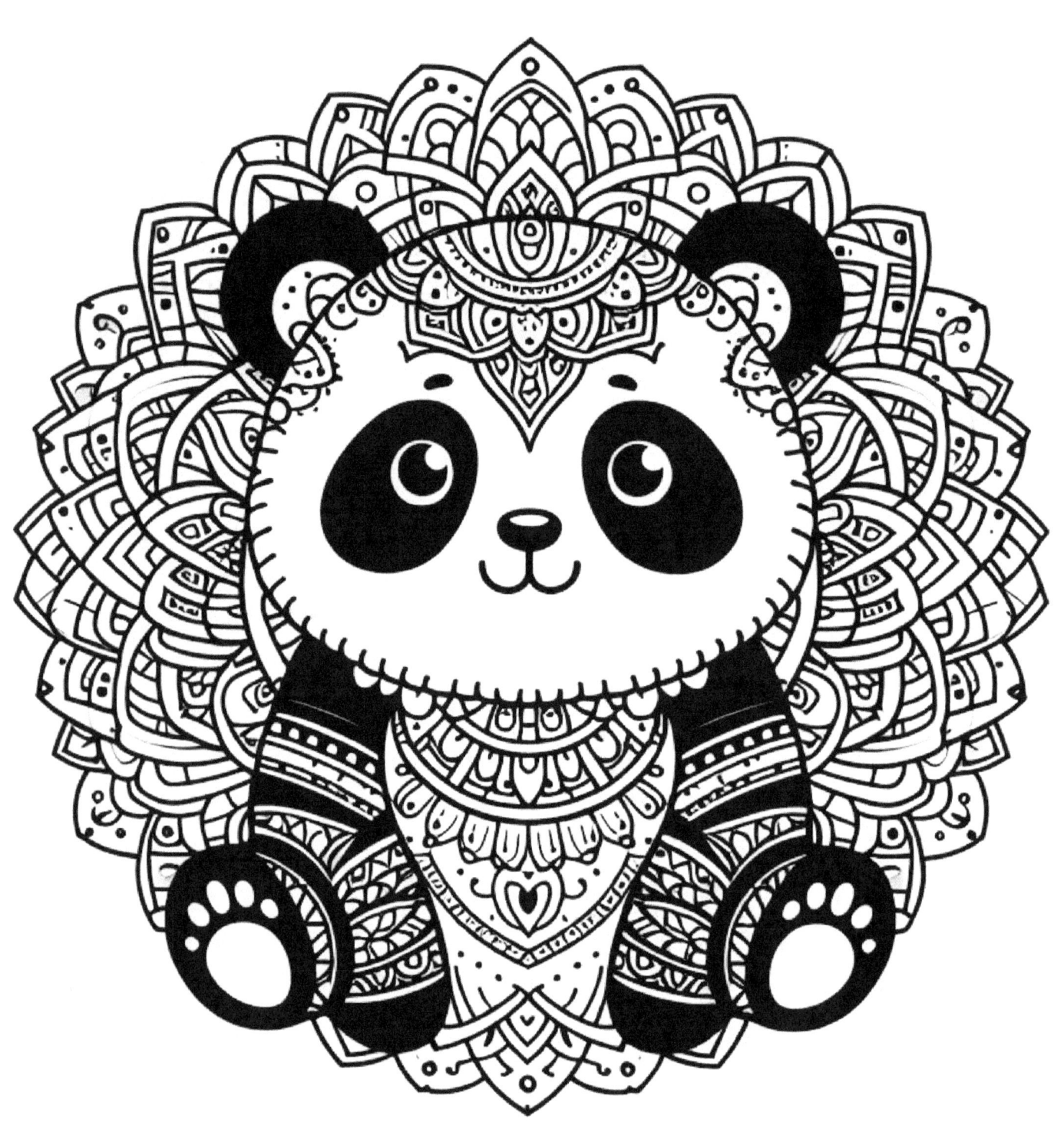

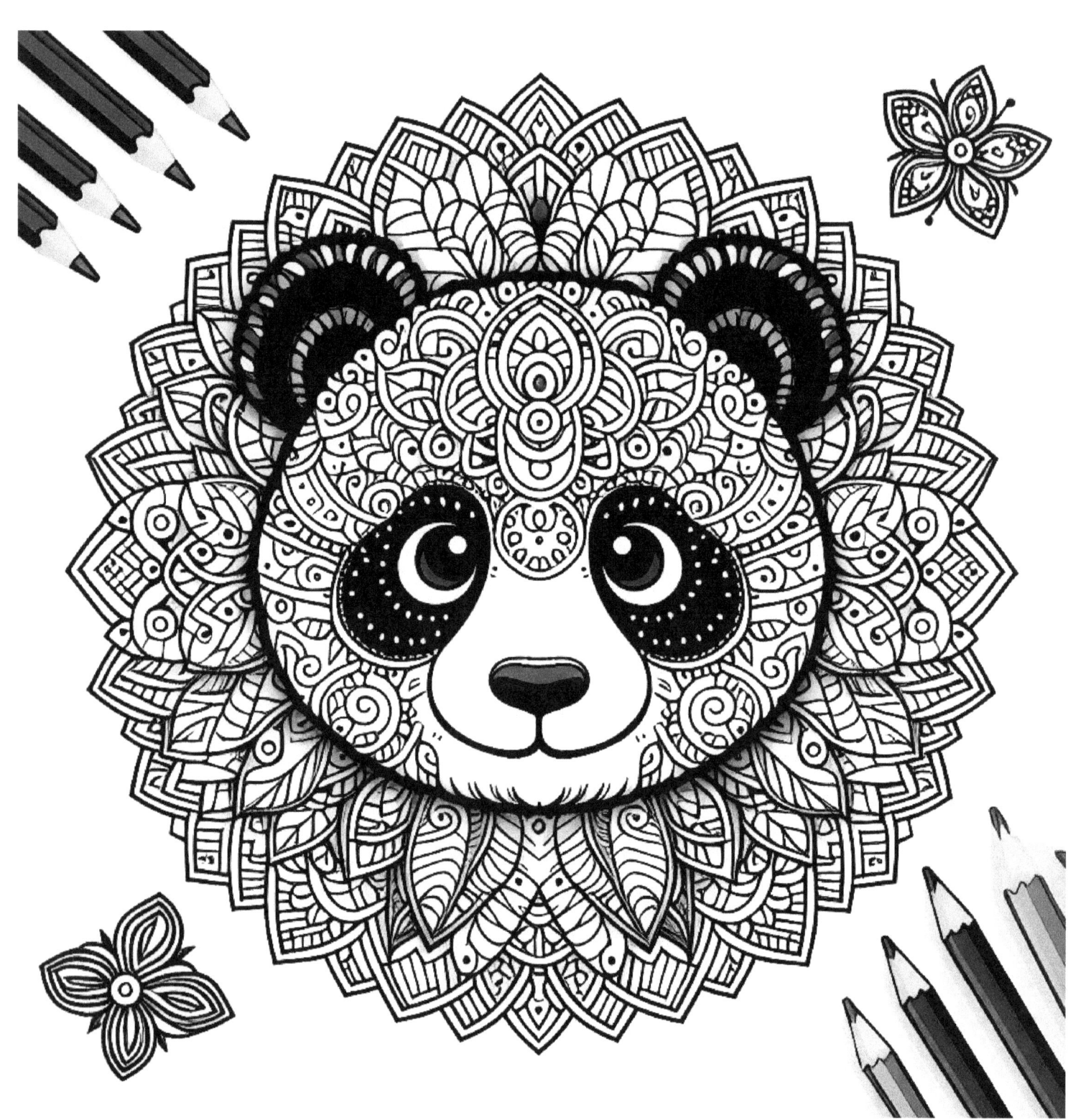

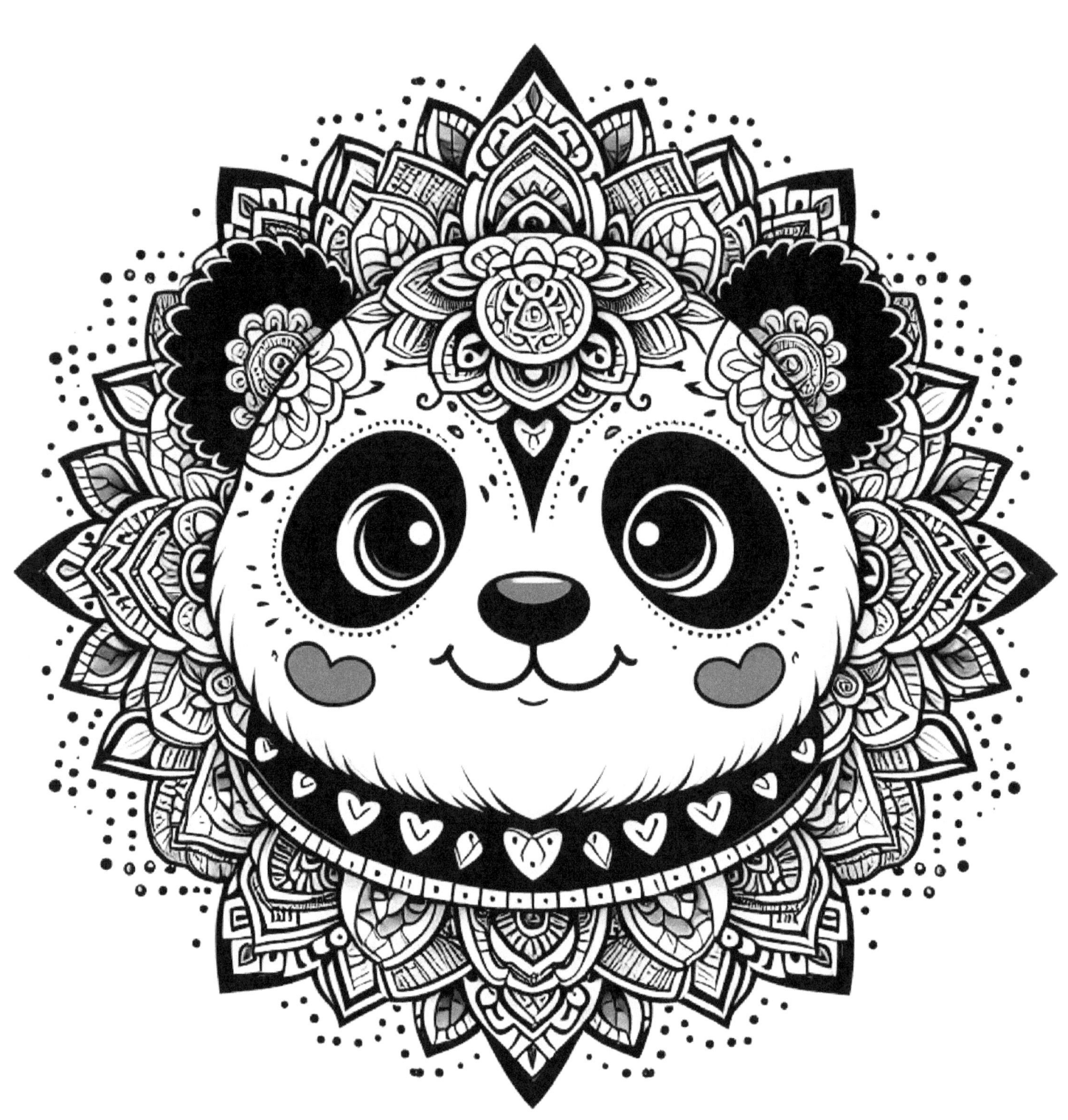

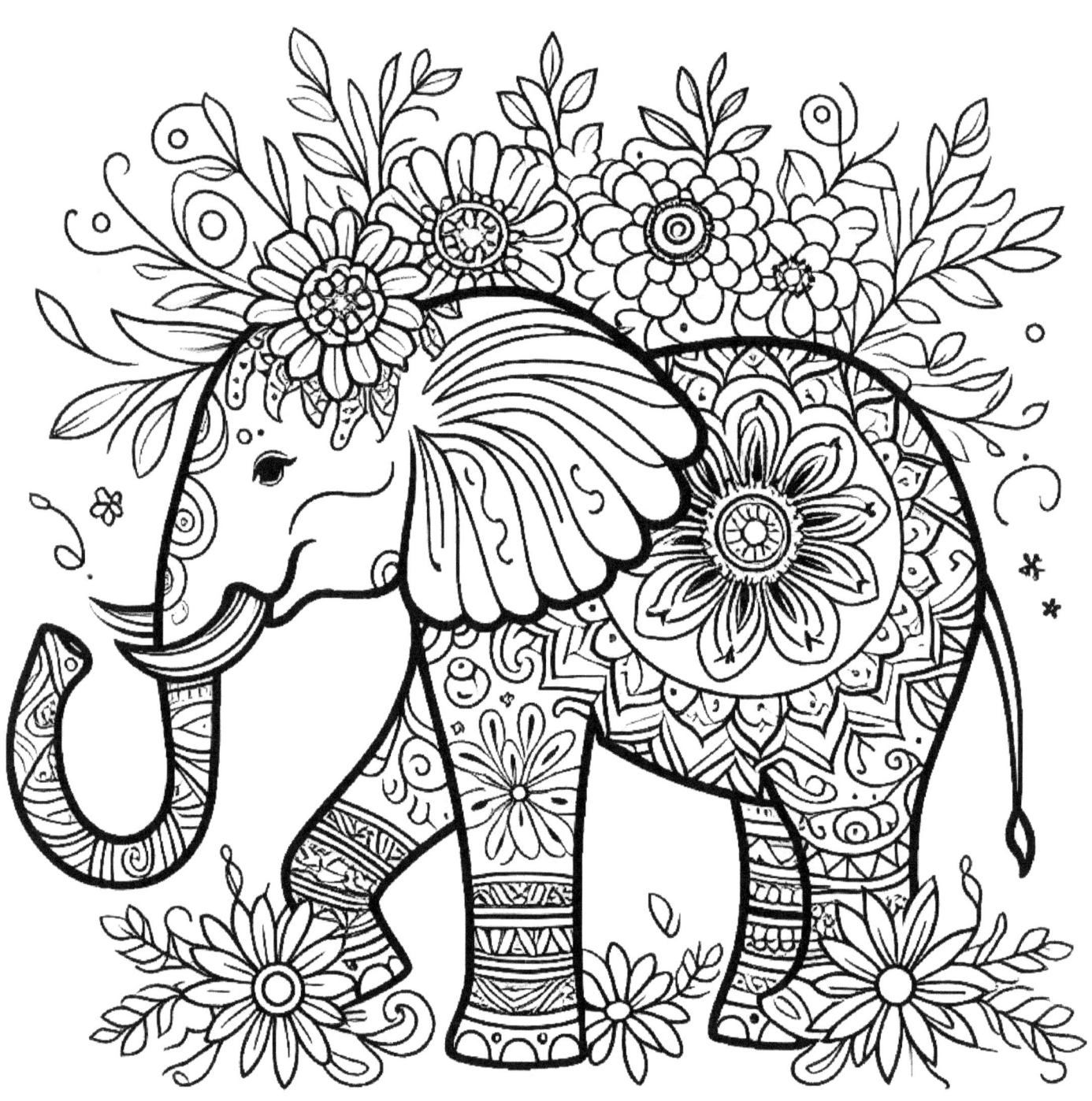

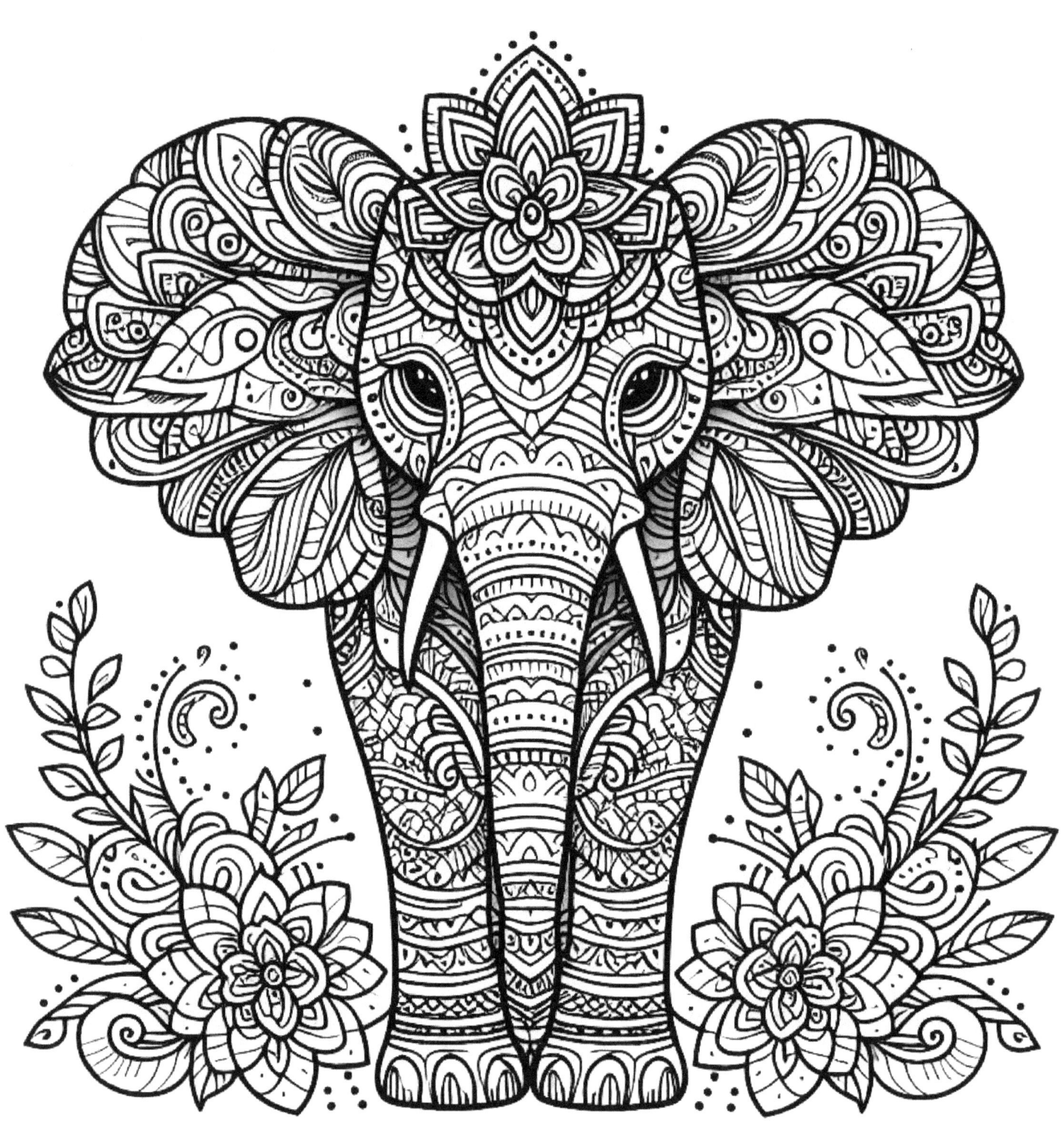

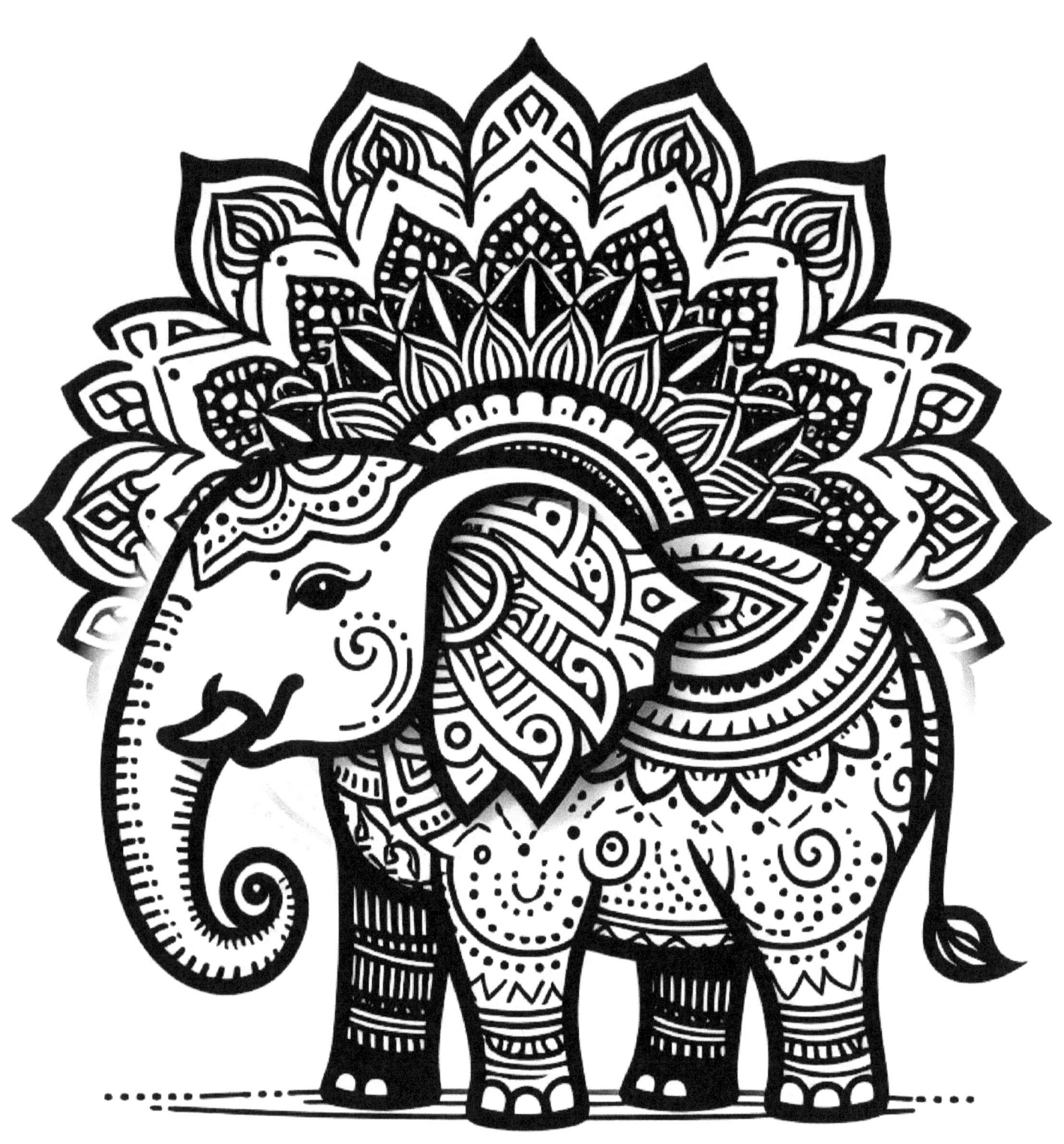

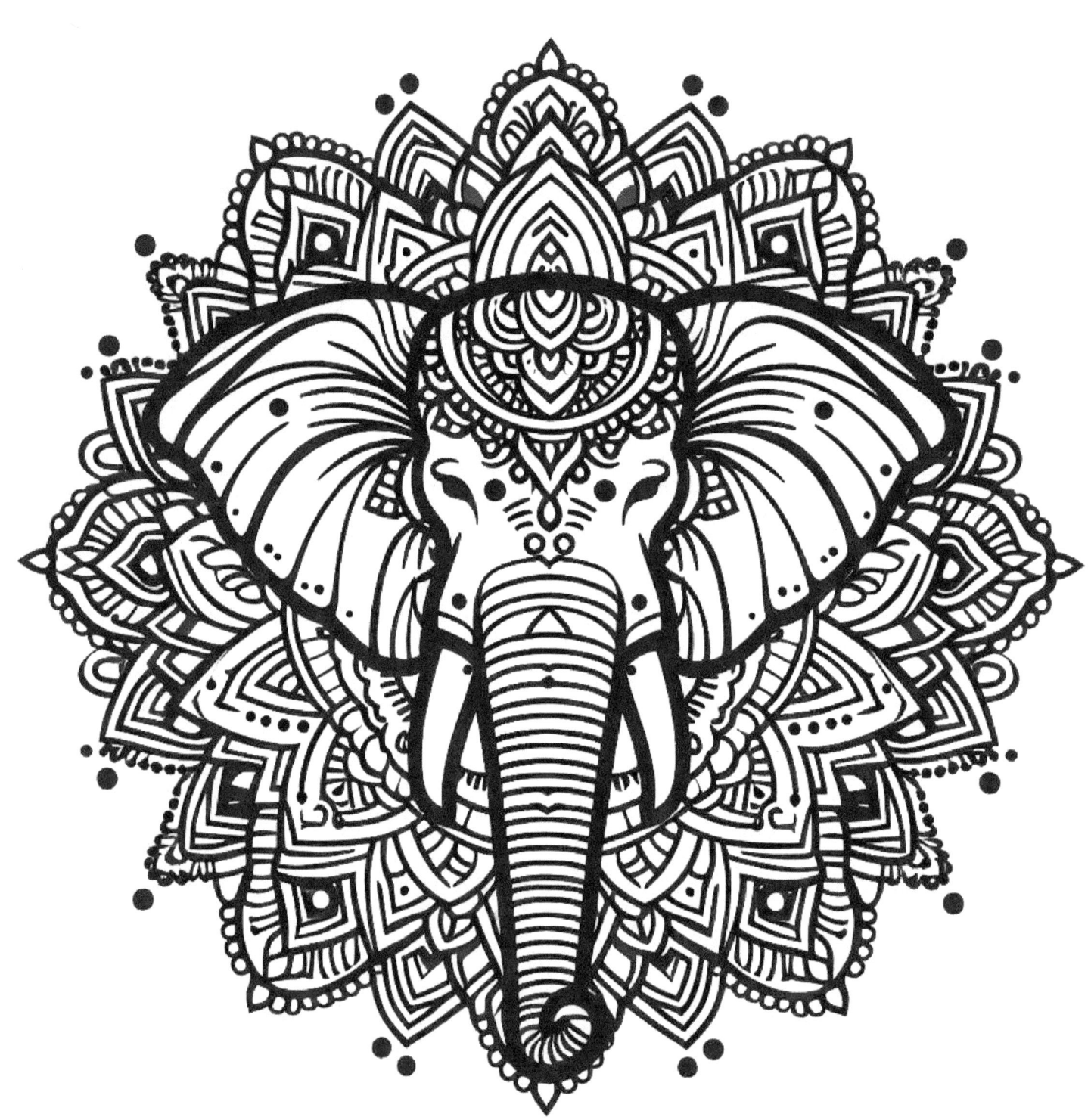

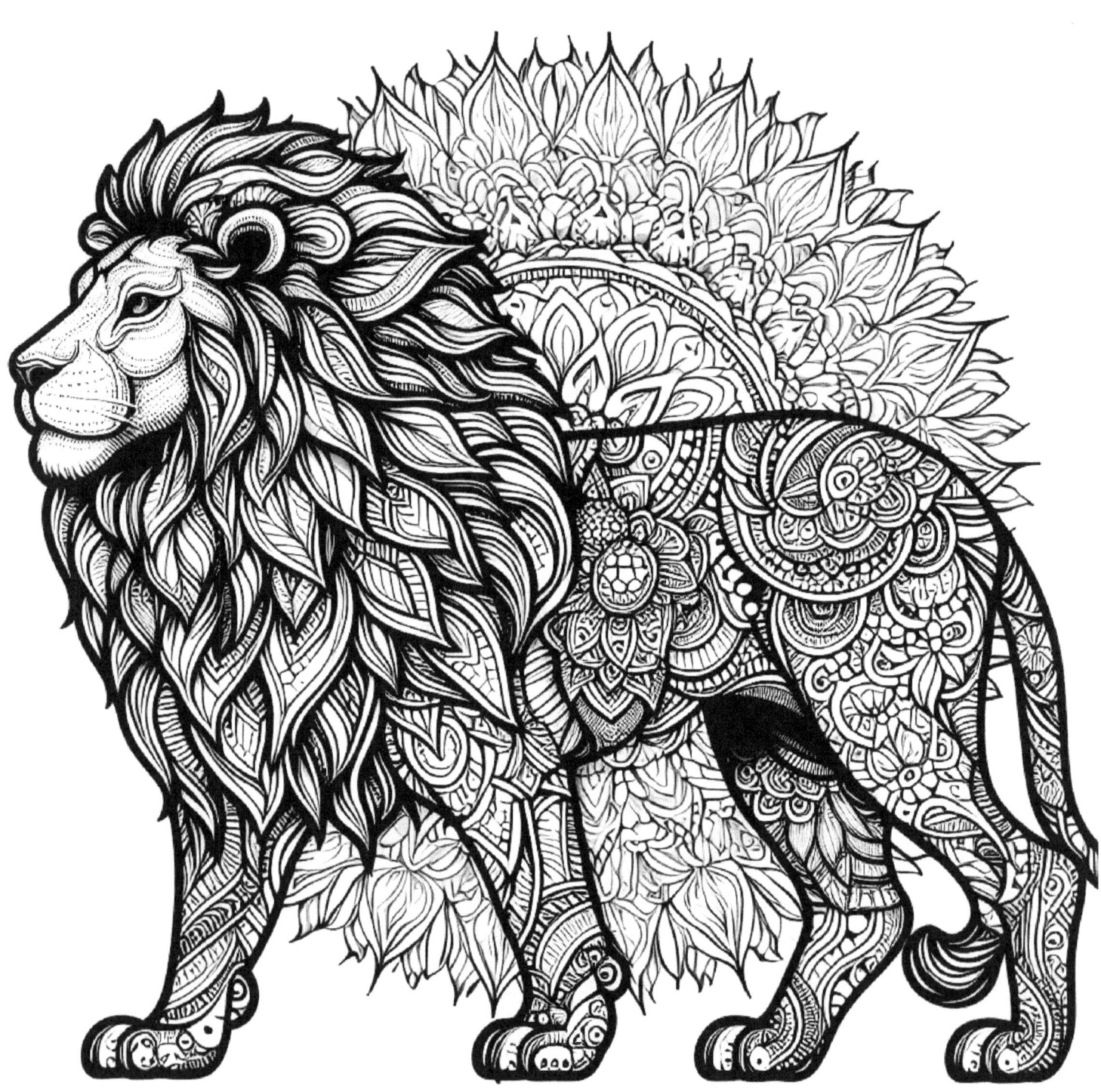

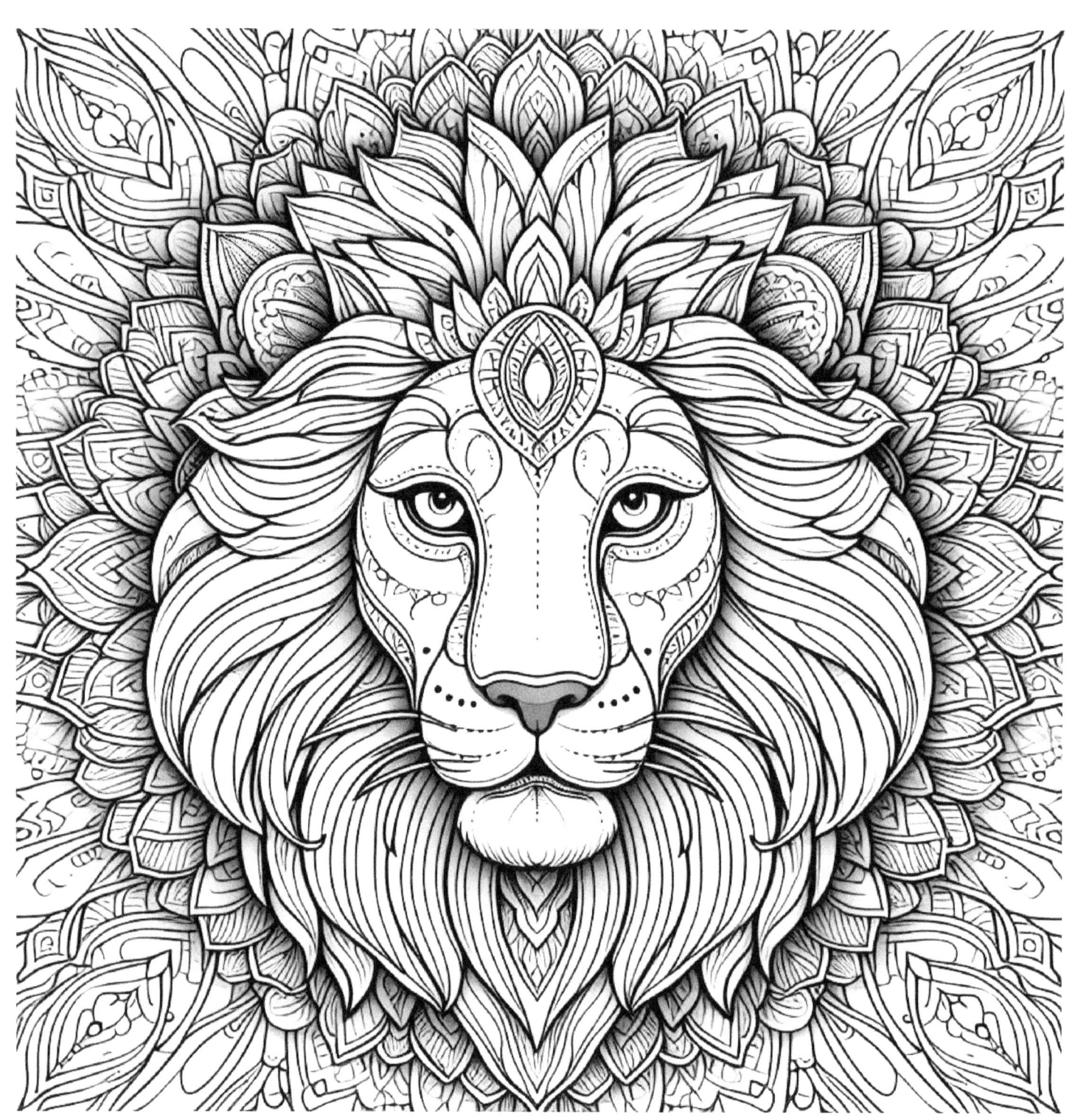

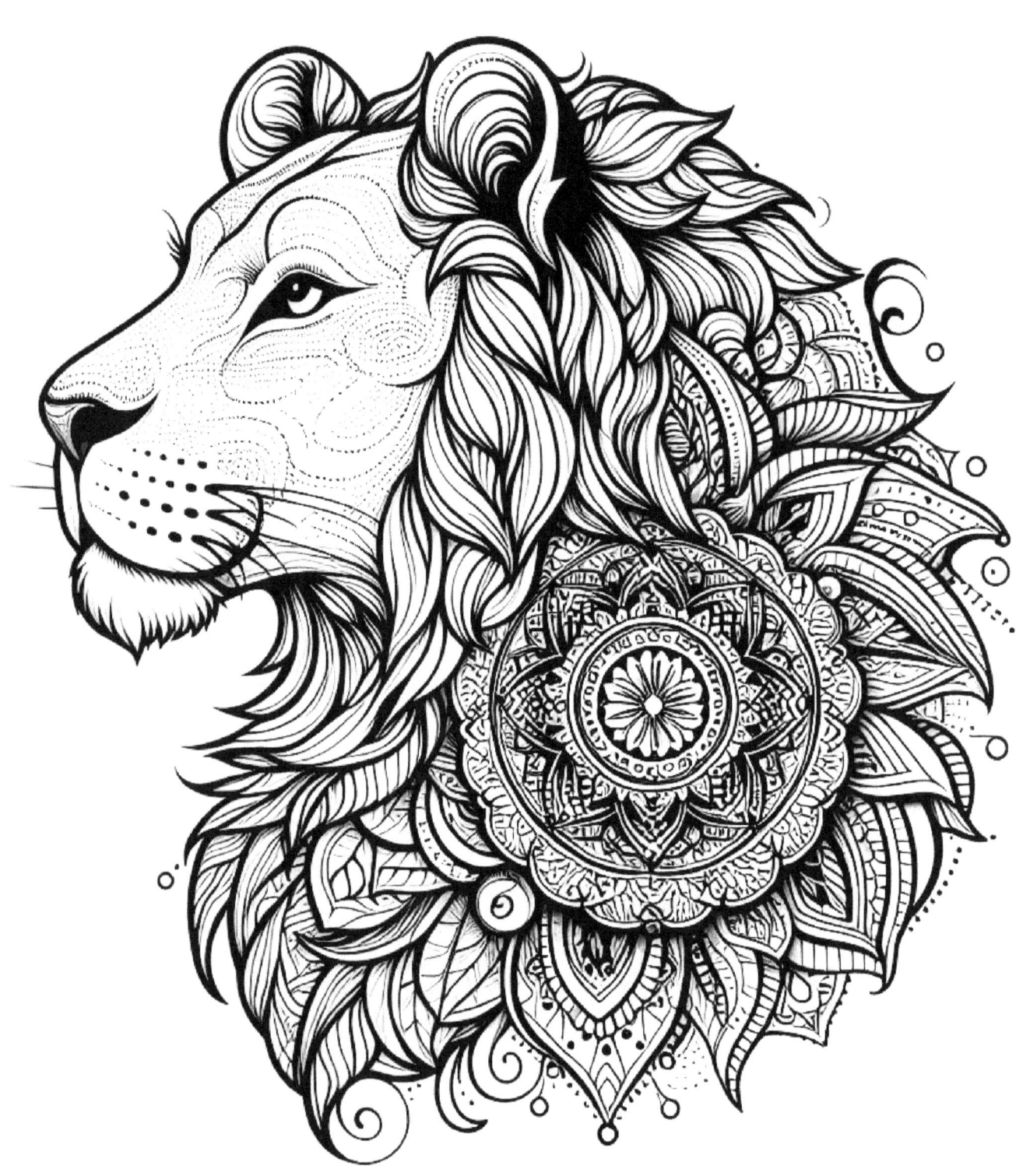

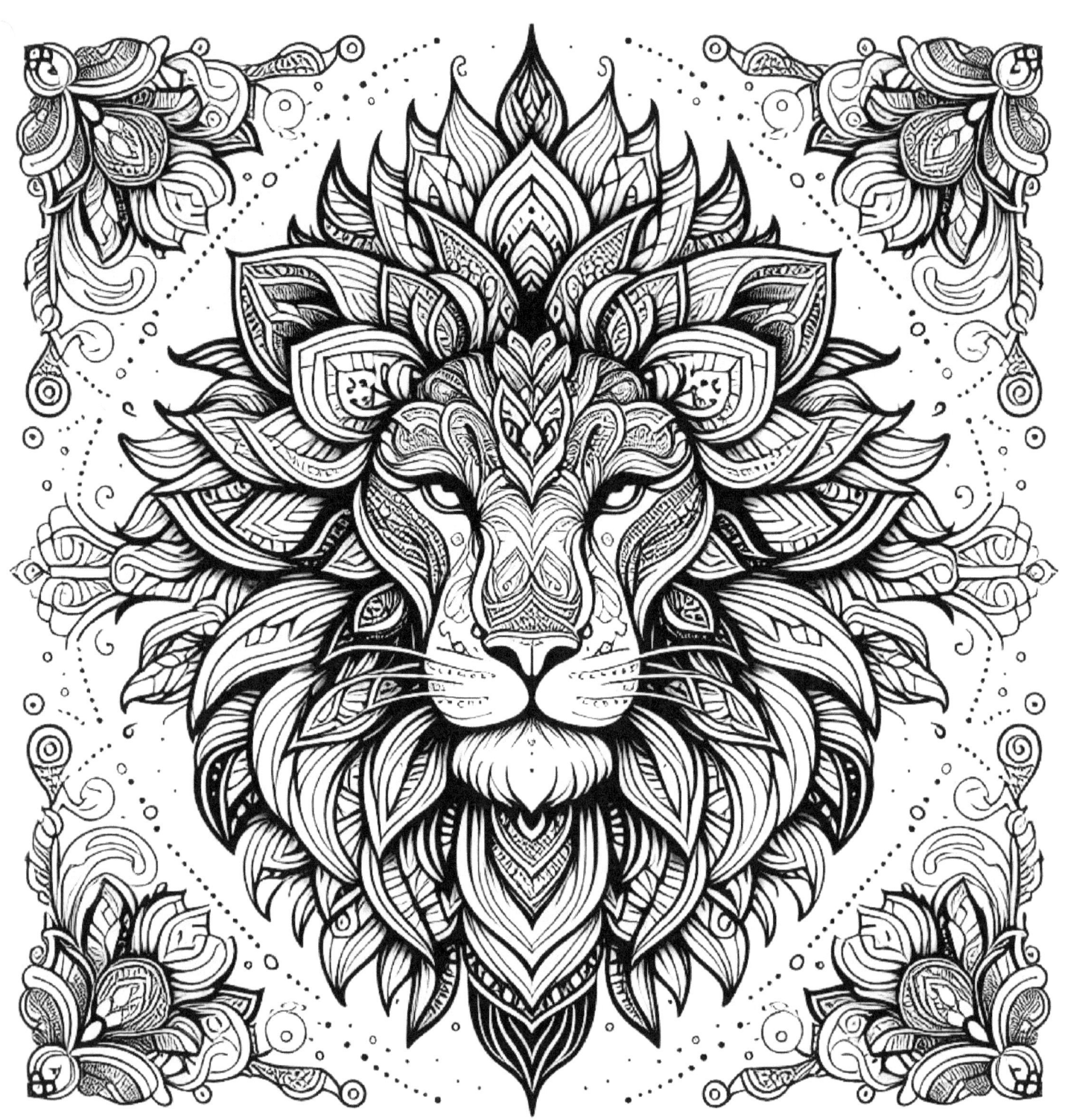

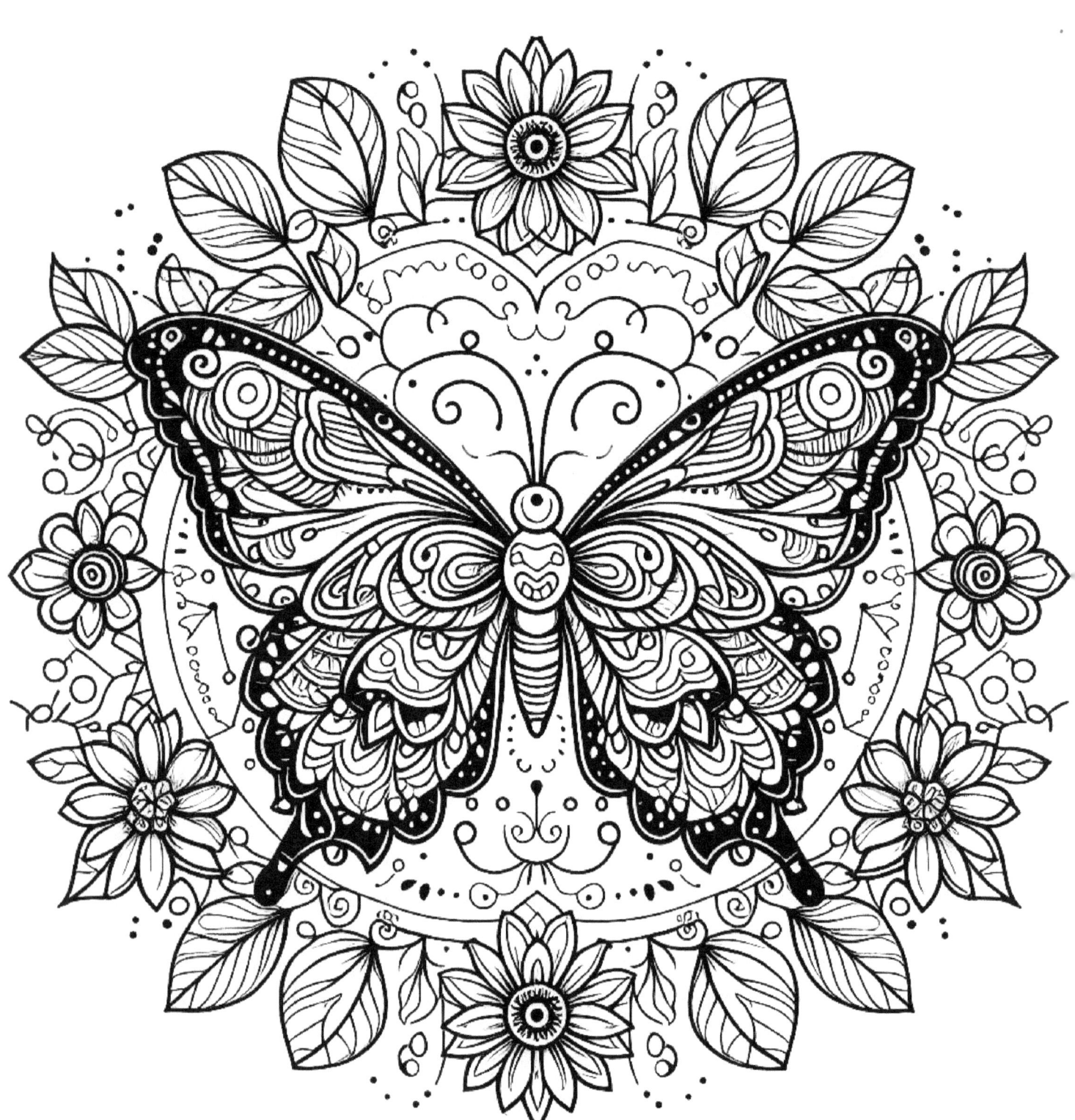

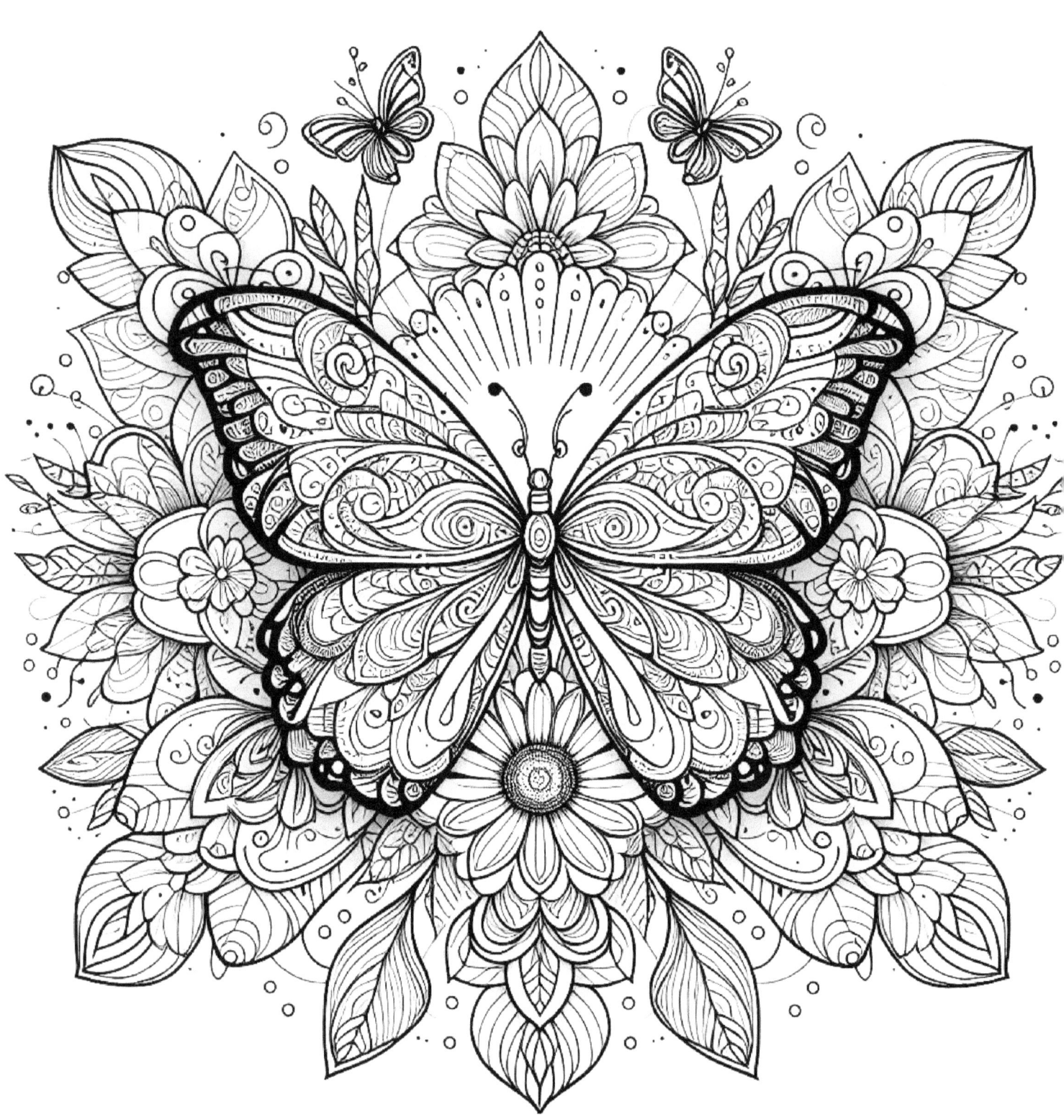

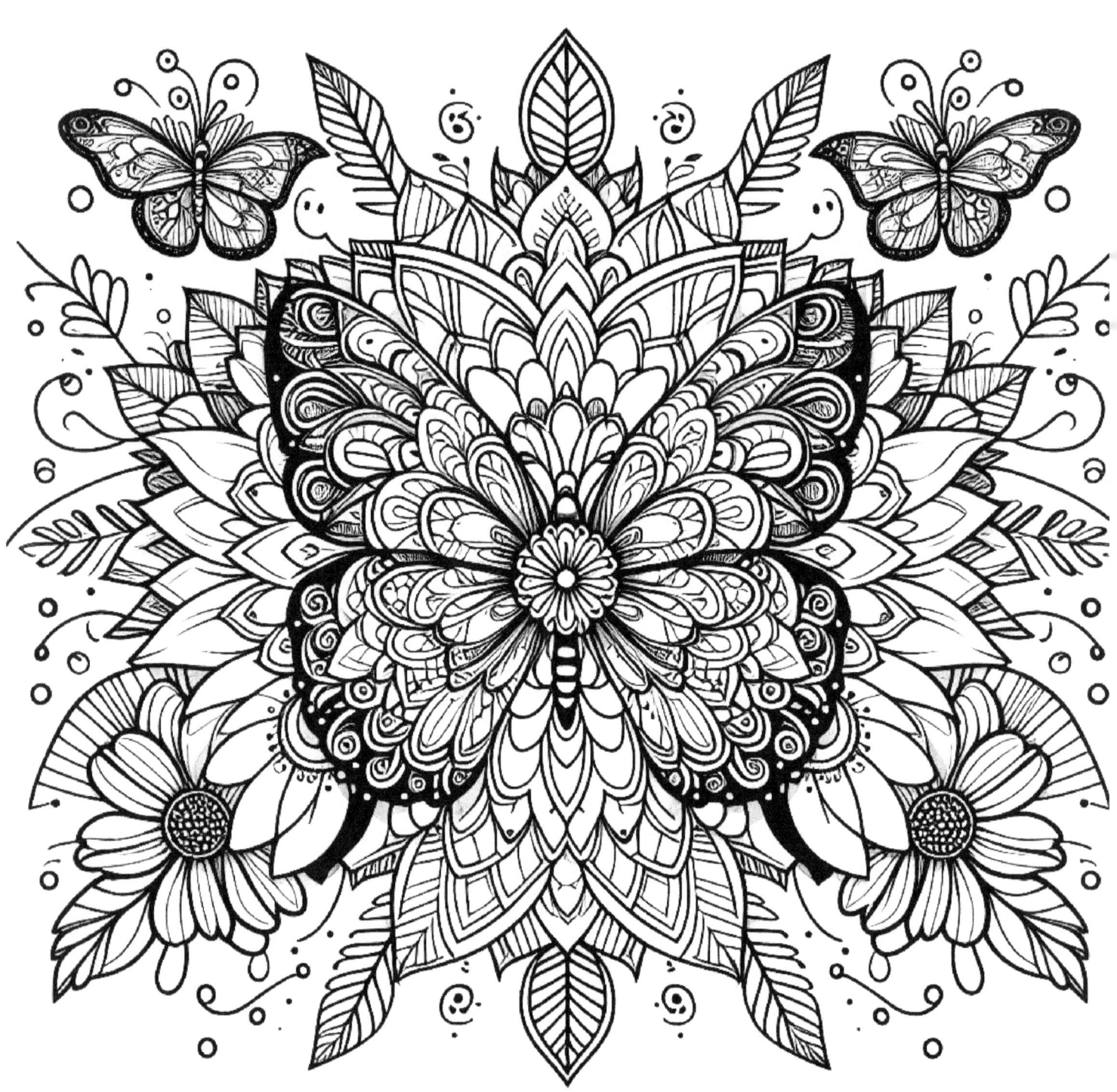

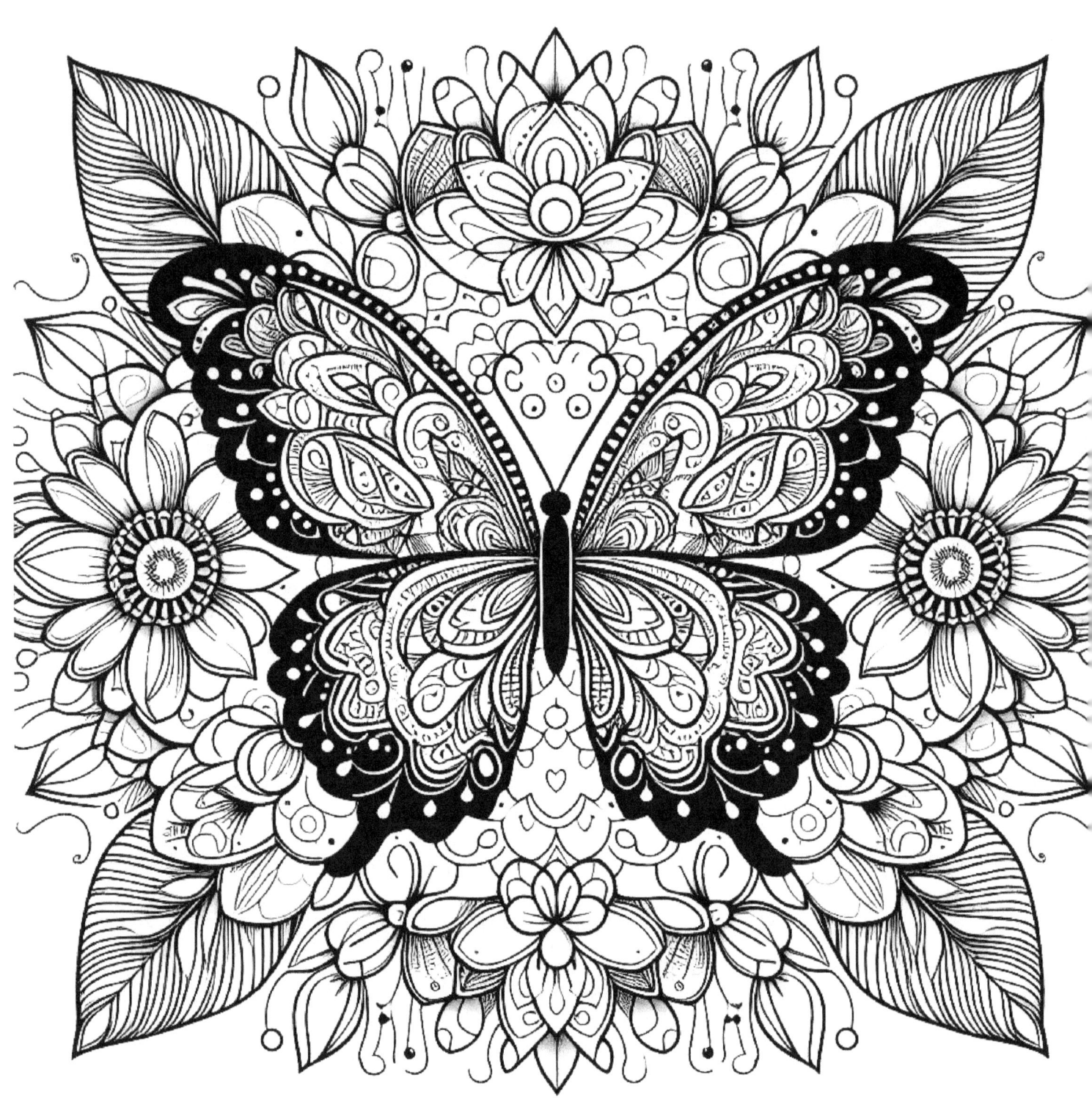

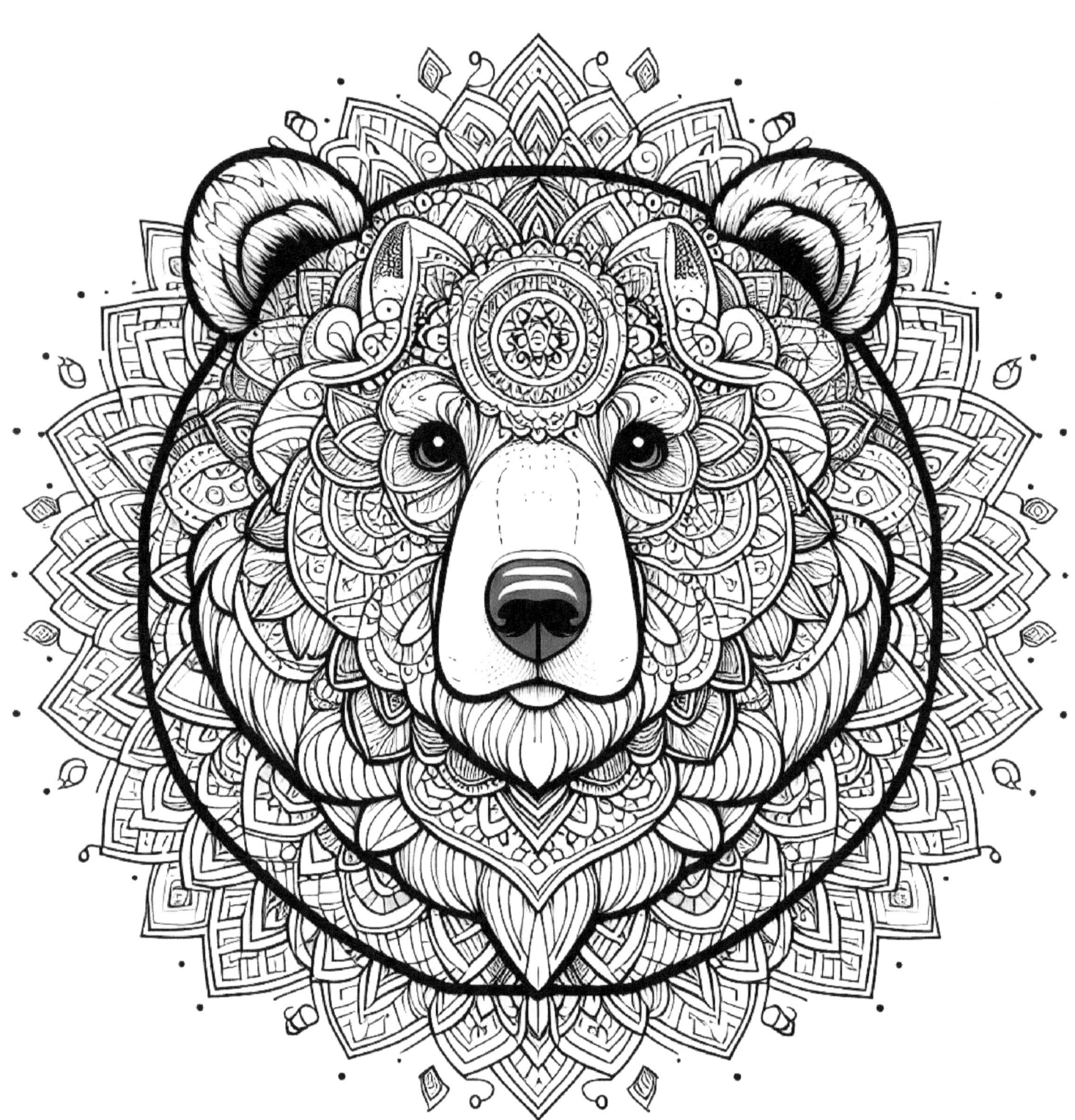

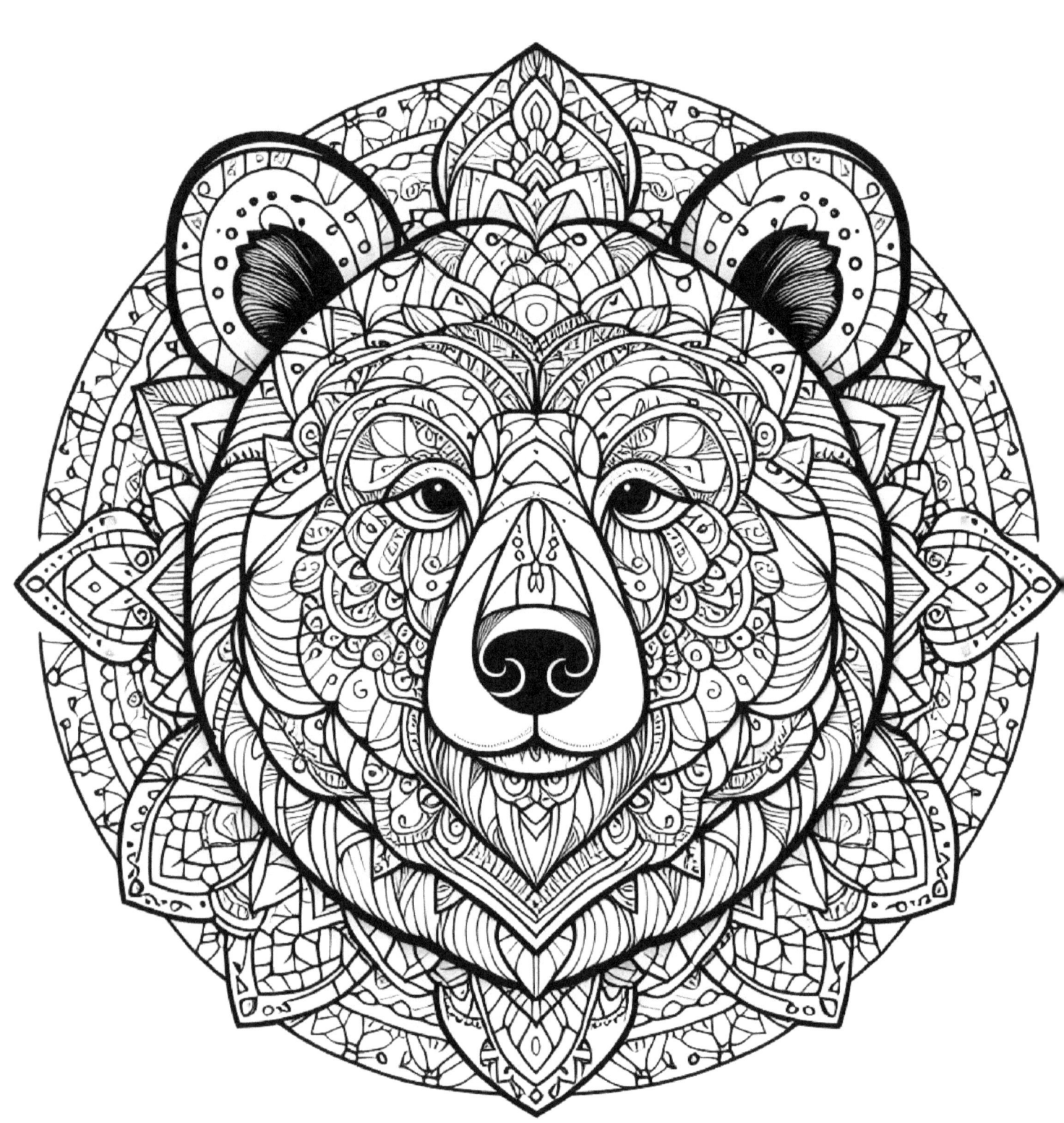

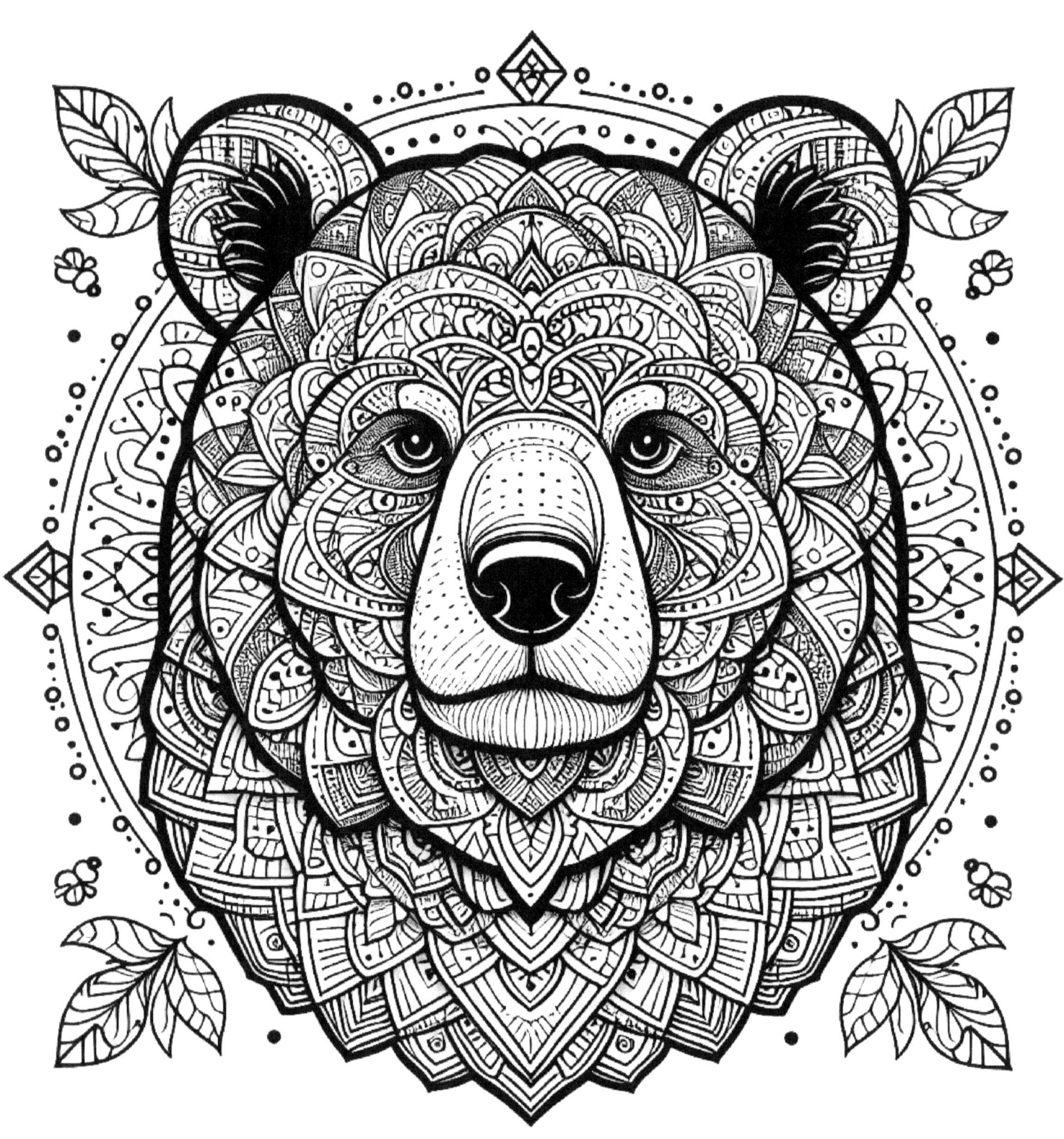

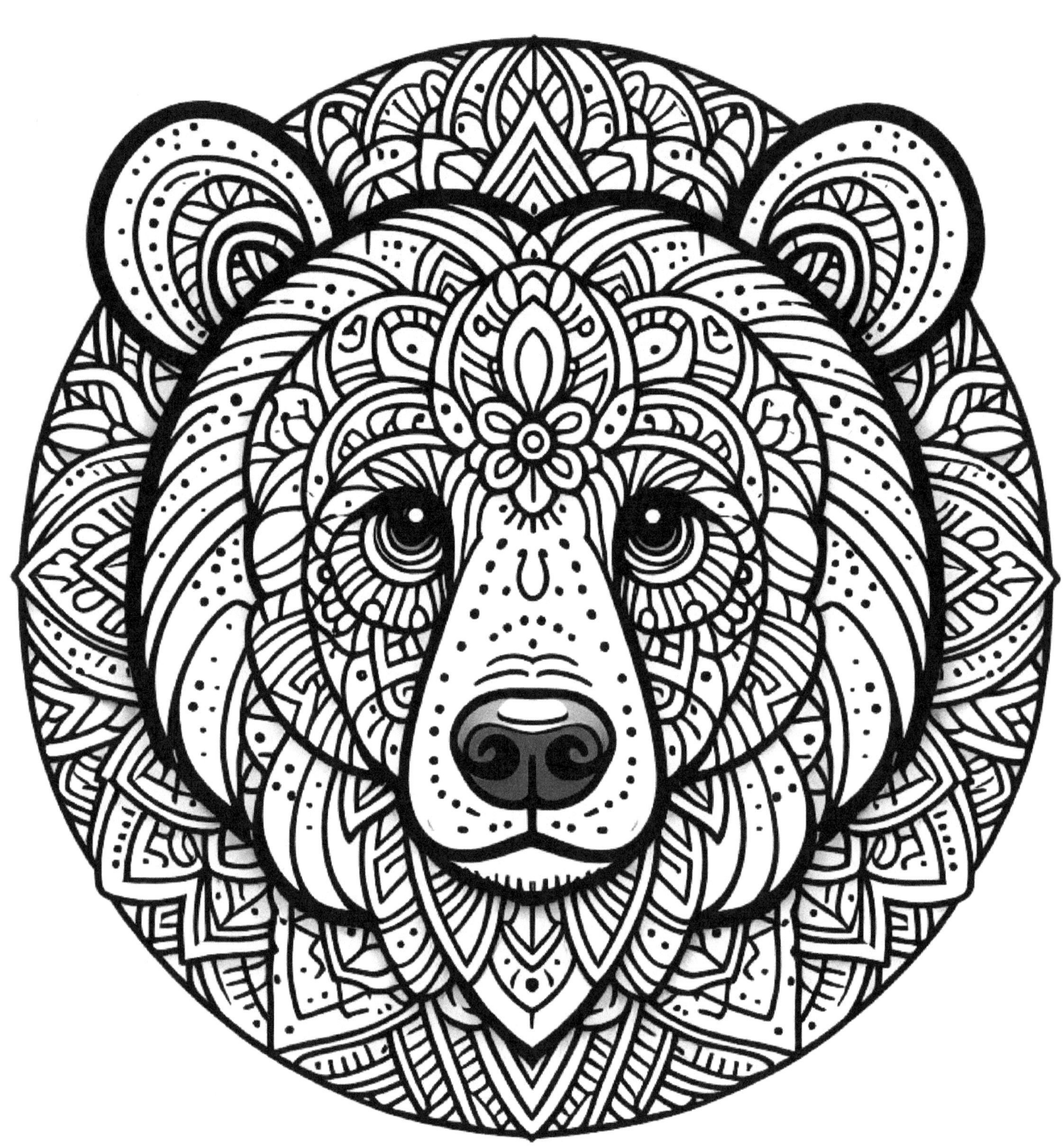

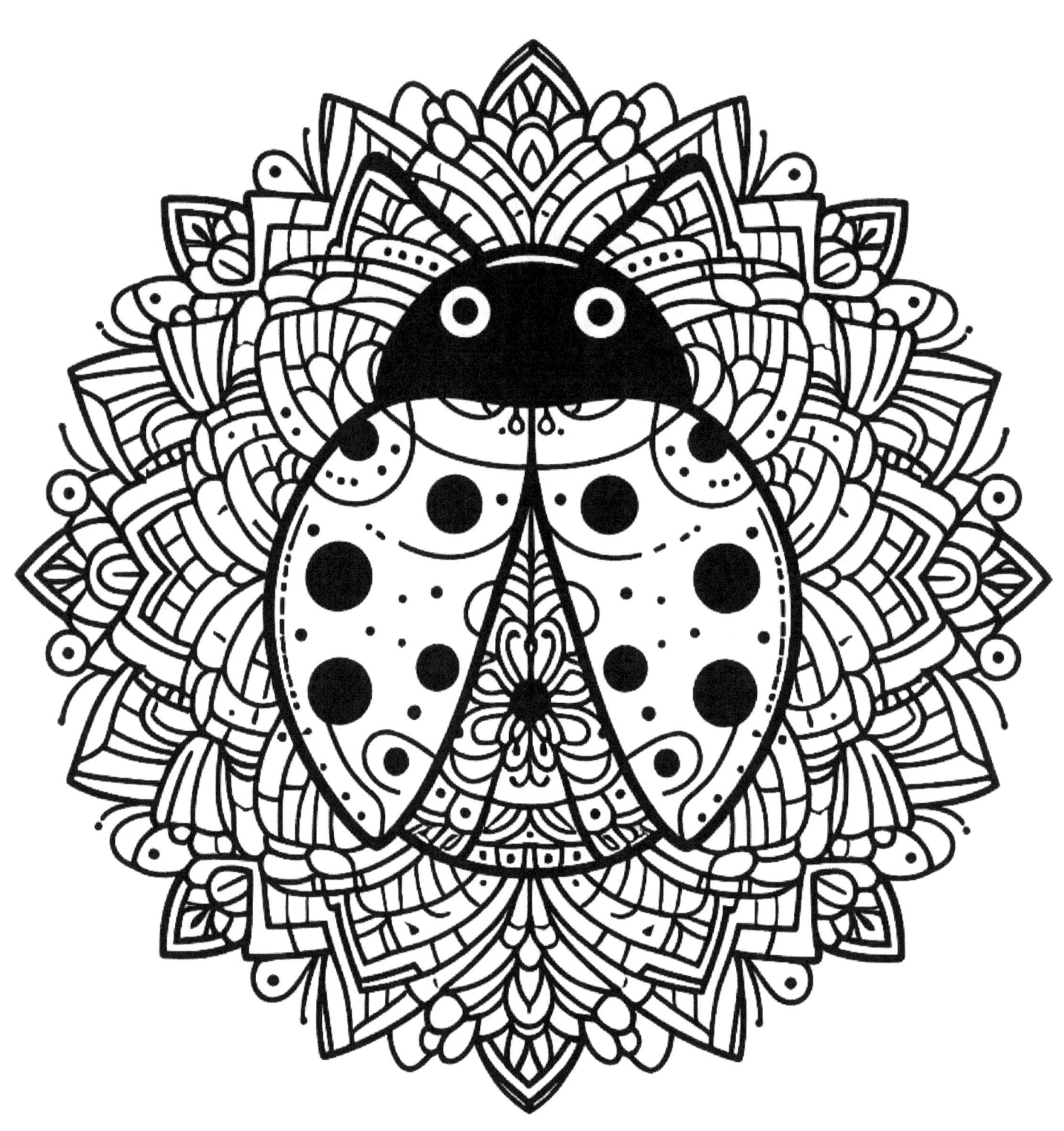

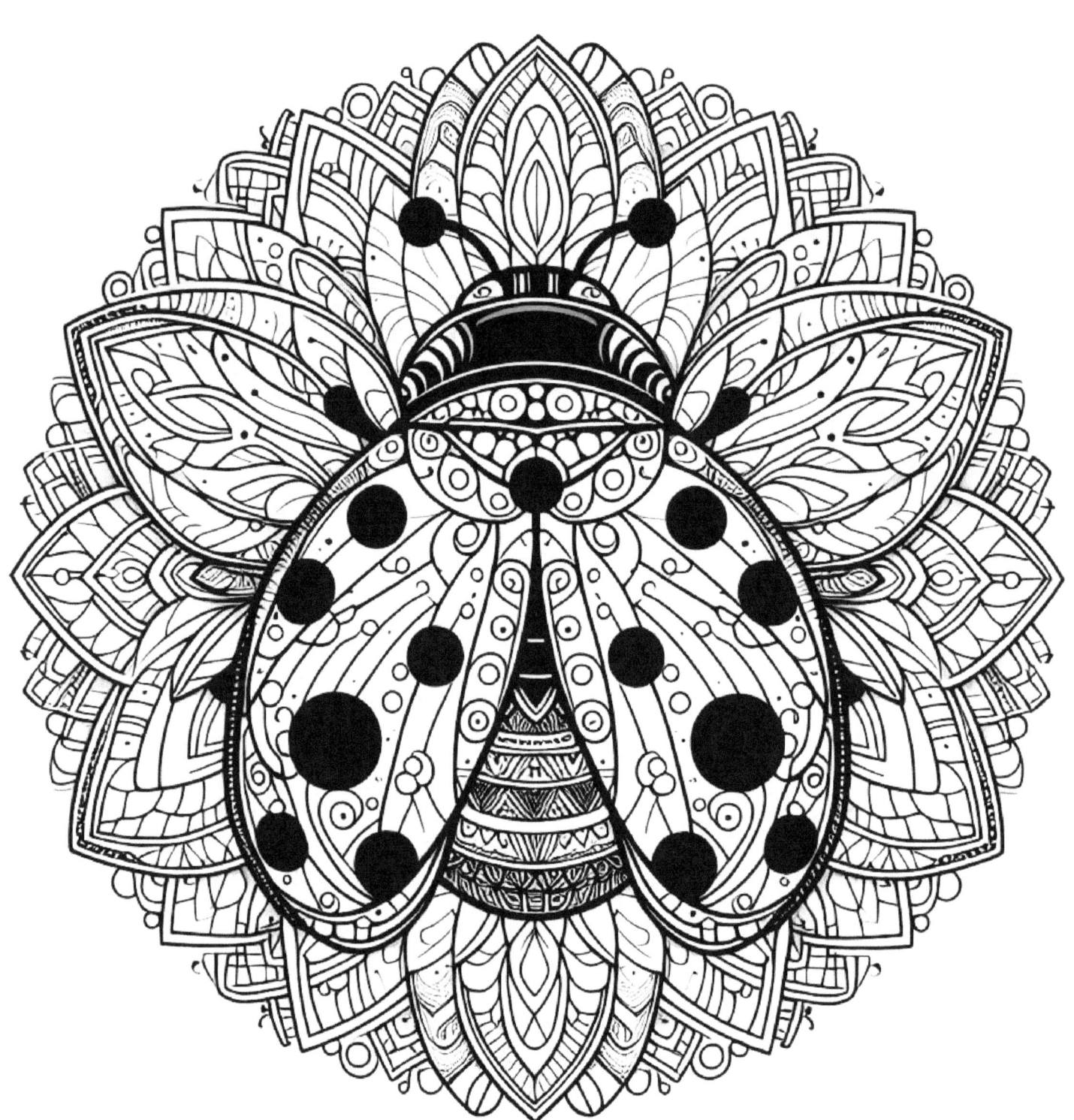

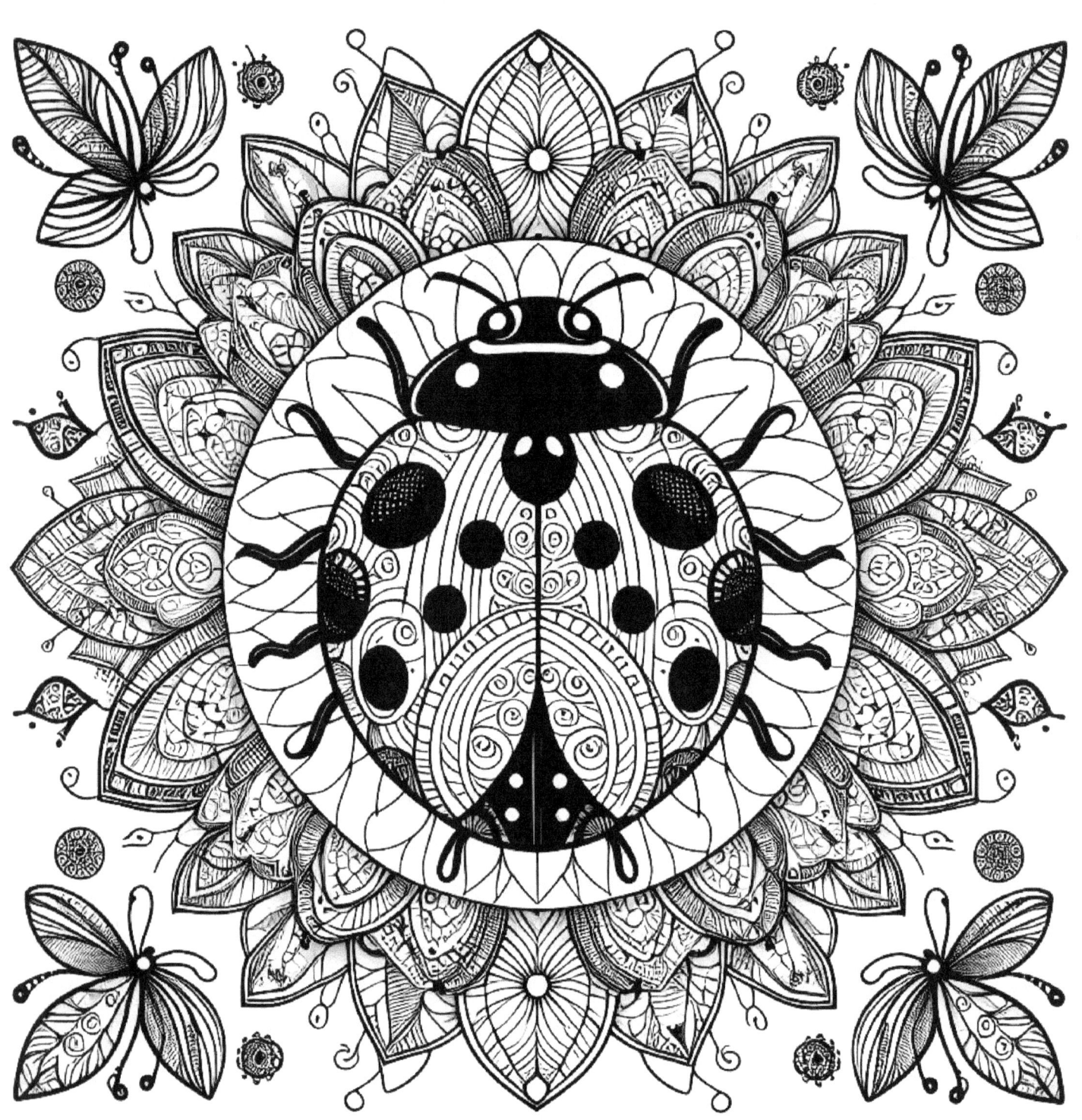

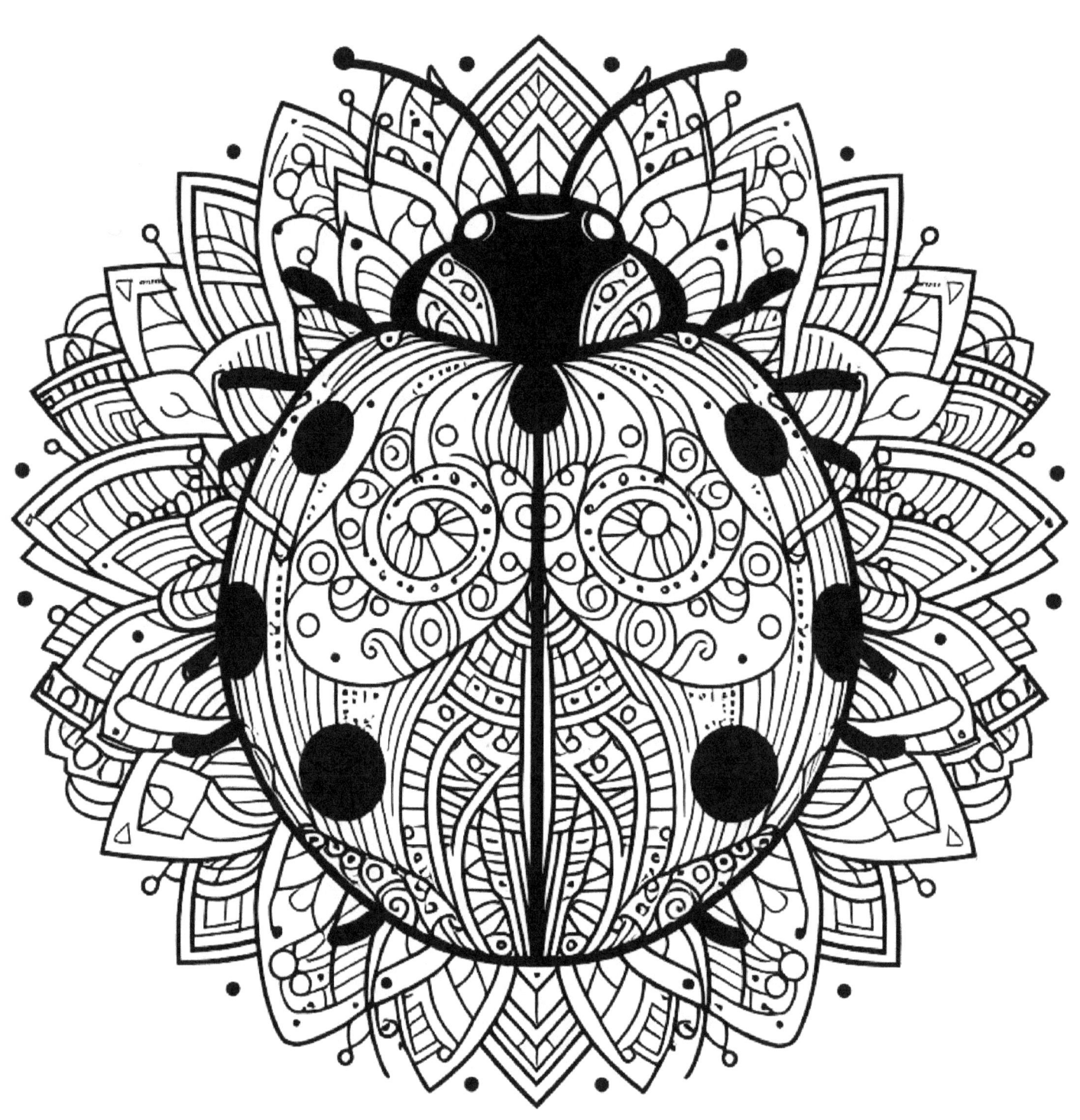

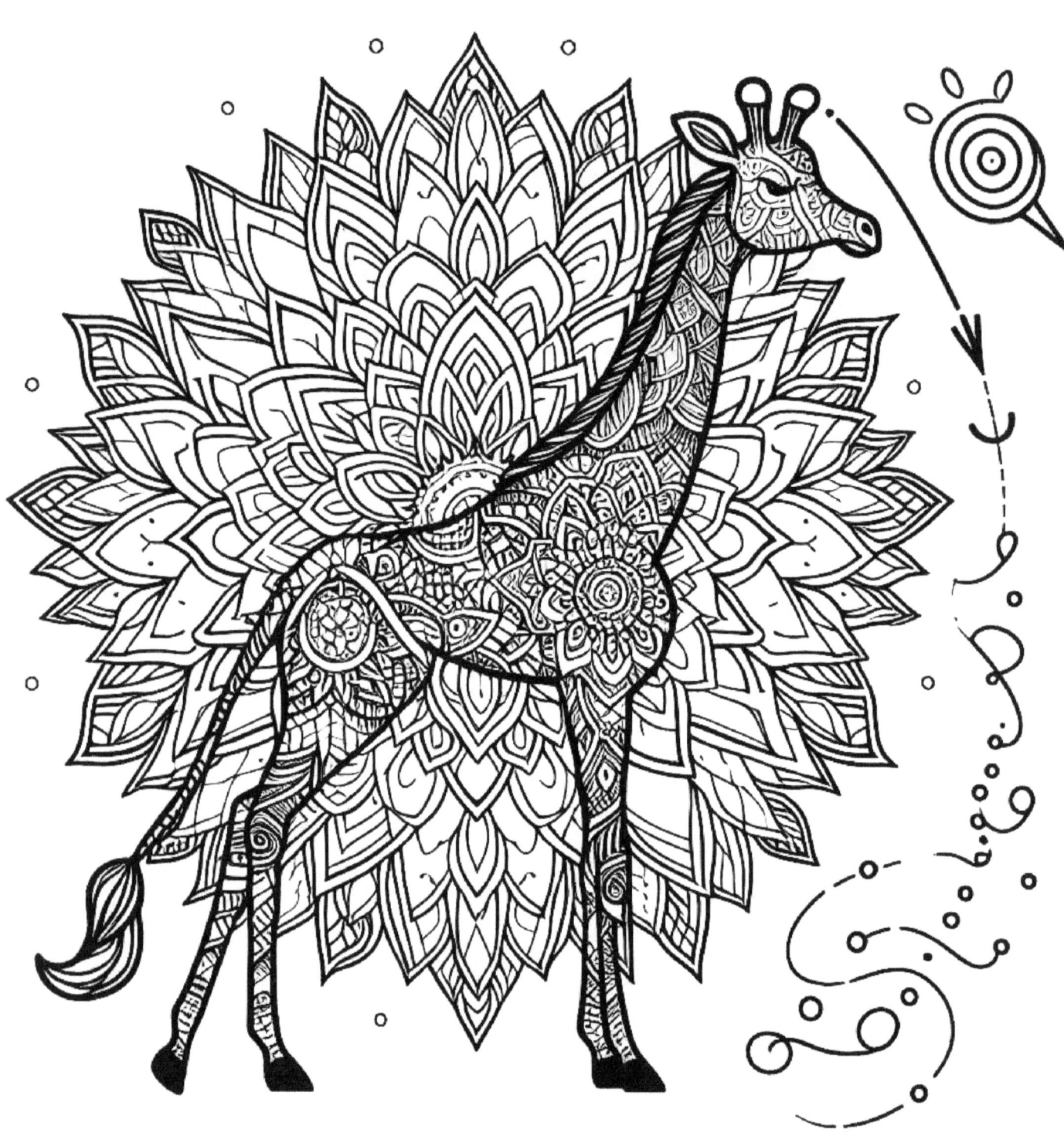

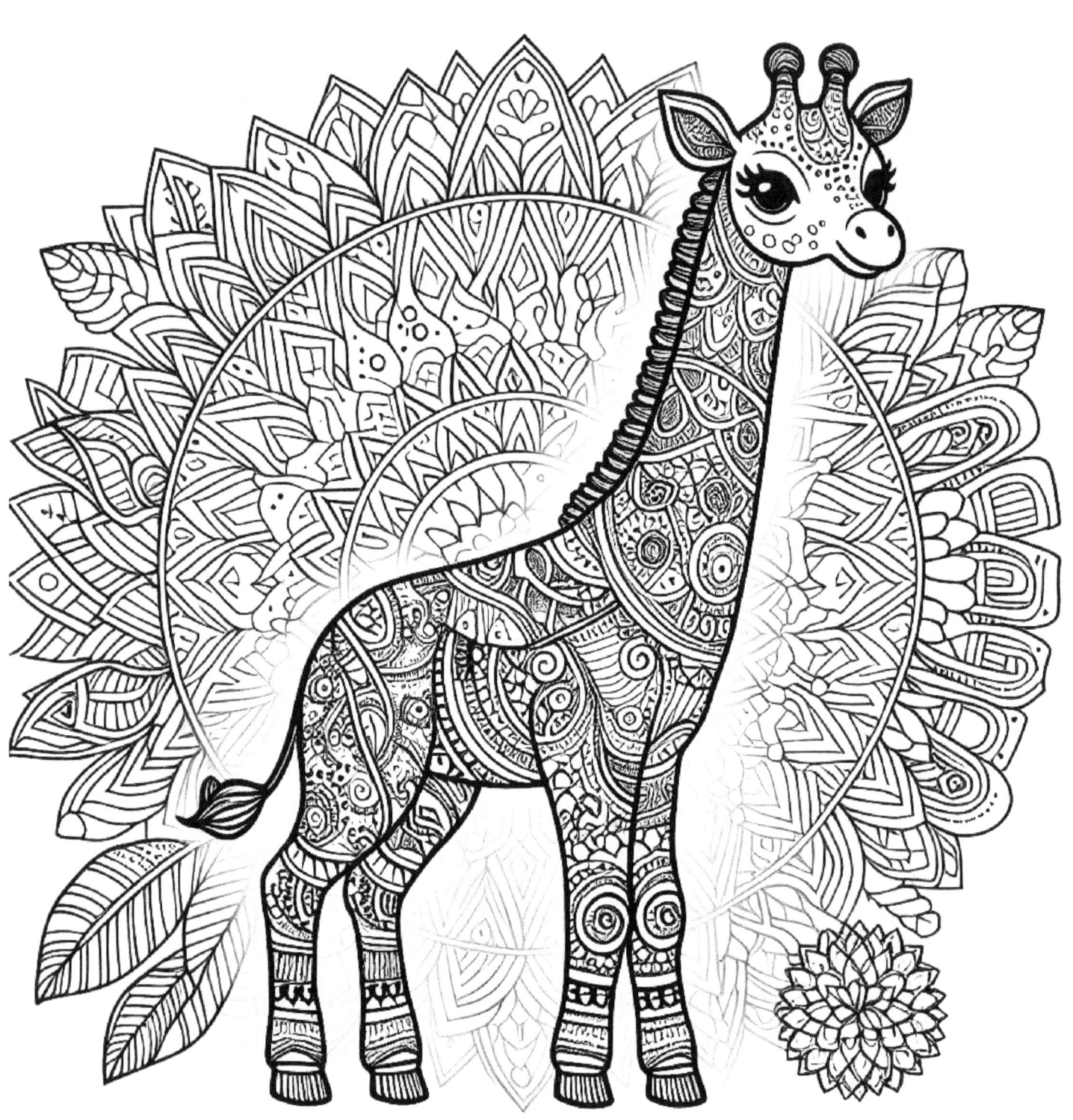

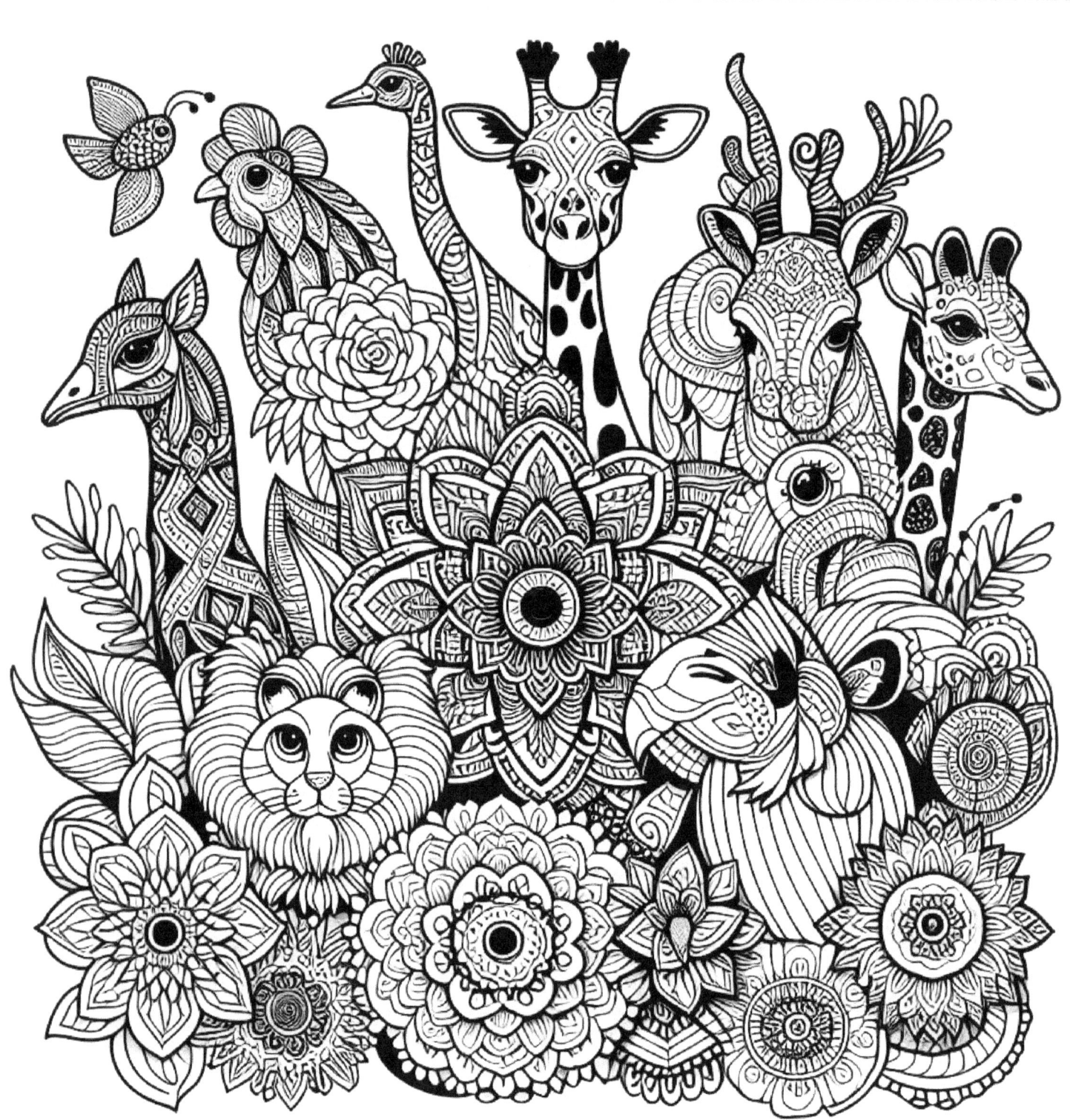

www.ingramcontent.com/pod-product-compliance
Lightning Source LLC
Chambersburg PA
CBHW062111220526
45471CB00010B/3698